MW01707034

la Cohésion des équipes

Pratique du team building

Issy-les-Moulineaux ESF éditeur

Division de Reed Business Information
2, rue Maurice-Hartmann
92133 Issy-les-Moulineaux cedex
www.esf-editeur.fr
3e édition 2003
ISBN 2 7101 1627 8
ISSN 0768-2026

Comment se servir de ce manuel de formation

Cet ouvrage est constitué de trois parties :

1 – La première partie, intitulée *Connaissance du problème,* apporte avec ses exposés les informations théoriques et les connaissances intellectuelles indispensables sur le thème proposé.

2 – La deuxième partie, *Applications pratiques*, signalée à droite par une bande verticale, propose des exercices concrets présentés de manière progressive. À la fin de ces exercices, le lecteur trouvera les corrigés correspondants.

3 – Les *Annexes,* en troisième partie, sont constituées d'outils complémentaires très utiles, tels :

- le *plan d'auto-formation individuel*, véritable guide pédagogique qui alterne les exercices pratiques et les exposés théoriques de manière à organiser rationnellement l'acquisition des savoirs;
- le (ou les) *programme(s) de session de formation* qui propose des types de programme sur 2 à 4 jours avec une dizaine de participants;
- le *lexique* des termes techniques utilisés et, éventuellement, un index;
- la *bibliographie.*

Nous espérons que cet ouvrage vous rendra les meilleurs services dans vos activités professionnelles et personnelles. N'hésitez pas à nous écrire pour nous faire part de vos remarques, critiques et suggestions :

ESF éditeur - Service Lecteurs
2 rue Maurice-Hartmann
BP 62 - 92133 Issy-les-Moulineaux cedex

Collection Formation permanente
Collection fondée par Roger Mucchielli et dirigée par Lionel Bellenger

Depuis 1966, la collection « Formation permanente » a publié les contenus de séminaires de formation et de perfectionnement en sciences humaines, avec un succès croissant, puisque les premiers titres parus dépassent aujourd'hui leur 17e édition, et sont traduits dans le monde entier.

Dans le sillage de Roger Mucchielli, tous ceux qui s'intéressent à la psychologie sociale ou qui veulent prévoir eux-mêmes leur formation continue, seront heureux de savoir que la collection s'enrichit constamment de nouveaux auteurs spécialistes du développement personnel et professionnel.

Puisqu'on ne peut suivre toutes les sessions de formation et de recyclage, la formule originale de nos ouvrages permet à chacun de travailler sur leur contenu théorique et pratique et d'effectuer ainsi en permanence son autoperfectionnement.

▸ **Vous trouverez, en fin d'ouvrage, la liste complète des ouvrages parus dans la collection « Formation permanente », également consultable sur notre site www.esf-editeur.fr**

Table des matières

Partie Connaissance du problème

Première partie
Éléments de base

Deuxième partie
Principaux thèmes du *team building*

Partie Applications pratiques

Annexes

Première partie

CONNAISSANCE DU PROBLÈME

Introduction

Dans le fonctionnement institutionnel de l'entreprise, deux pôles sont clairement identifiés et reconnus :

- l'individu, titulaire du contrat de travail, qui occupe un poste, remplit une fonction et reçoit pour cela une rémunération strictement personnelle ;
- l'entreprise, d'une nature juridique déterminée, qui a une structure, une organisation, des systèmes, des procédures.

Pour l'essentiel, le droit du travail ne connaît que ces deux pôles, si l'on met à part la représentation des salariés à travers les syndicats et les instances représentatives.

Pourtant, dans la vie quotidienne, un niveau intermédiaire entre l'individu et l'organisation revêt une importance capitale : le groupe, ou l'équipe. La notion d'équipe est fluctuante ; ses membres peuvent être aussi bien des directeurs, des commerciaux, des ouvriers que des personnes d'horizons divers réunis par un même projet. Le statut de l'équipe connaît tous les degrés de formalisation, à commencer par l'absence de statut. Mais elle est le lieu :

- où se développent les solidarités,
- où se renforcent les actions de chacun par le jeu des échanges,
- où s'unifie l'activité,
- où se crée un esprit commun.

C'est dire qu'à un moment où la productivité passe par un supplément de motivation et d'implication du personnel, l'équipe joue un rôle essentiel. Mais elle n'est pas pour autant un acquis, une donnée qu'il suffirait d'accepter pour qu'elle fonctionne au mieux des intérêts, souvent divergents, de ceux qui la composent ou en souhaitent l'existence.

Une équipe, cela se construit; l'esprit d'équipe, cela se cultive. Il faut y consacrer du temps, de l'énergie, de la volonté. Il faut se doter des moyens appropriés, pour faire d'un regroupement d'individus une équipe orientée vers la réalisation d'un but commun et pour maintenir vivante l'équipe ainsi constituée.

Le but du présent ouvrage est de mettre à disposition de ceux qui partagent cet objectif, les démarches et les outils nécessaires.

Démarche

Trois principes ont servi à organiser ce manuel de *team building*:

1. Nous suivrons l'ordre logique d'une démarche complète d'animation d'équipe, depuis l'analyse de la demande jusqu'à l'évaluation du résultat. La pratique peut naturellement amener à réduire ou même à éliminer telle ou telle étape ou à faire des interversions.

2. Nous supposons la présence d'un consultant. Non que cela soit indispensable pour qu'il y ait une action de *team building*, mais c'est un cas fréquent et c'est celui qui permet de traiter la question de la façon la plus complète. En l'absence d'un consultant, les points abordés doivent quand même être résolus; le responsable d'équipe s'adressera alors à lui-même les questions que le consultant lui aurait posées. Nous adoptons parfois le point de vue du client, par exemple, quand il s'agit de choisir un consultant. Nous adoptons aussi le point de vue du consultant, par exemple, quand il s'agit d'analyser la demande du client.

3. Le but poursuivi est essentiellement pratique. Nous présentons des méthodes et des outils éprouvés, dans lesquels chacun peut faire son choix en fonction de sa situation particulière. Ceci vaut non seulement des exercices qui sont par définition concrets mais également de la partie « Connaissance du problème », où les méthodes et concepts présentés le sont de façon opératoire. À charge pour chacun d'approfondir, à l'aide des références bibliographiques en fin de volume, la démarche qui lui paraît la plus adaptée.

Plan d'ensemble

Le volet « Connaissance du problème » de cet ouvrage est divisé en deux grandes parties :

- les éléments de base, communs à toute intervention; ils concernent le déroulement même de l'action *team building*, les acteurs impliqués, les méthodes utilisées, les supports matériels nécessaires;
- les principaux thèmes qui peuvent être traités en fonction des besoins du groupe : son fonctionnement et son évolution, ses valeurs, la communication entre ses membres, le *leadership*, les méthodes de travail.

I
ÉLÉMENTS DE BASE

Quels que soient les thèmes abordés au cours de l'intervention de *team building*, des moyens, des méthodes seront mis en place pour les traiter. Ces éléments font partie intégrante de l'intervention :

• d'une part, ils en permettent le bon déroulement : ce sont des supports nécessaires à l'action, dont la qualité rend celle-ci plus ou moins efficace. Un séminaire ne se juge pas d'abord sur la qualité de la nourriture, mais celle-ci fait partie de la qualité globale ;

• d'autre part, la manière de mettre en œuvre ces processus de travail fait partie de l'action de *team building* en tant que telle : la répartition d'un groupe en sous-groupes, le choix des procédés de mise en commun du travail accompli, la présence ou non d'un consultant ne sont pas neutres ; ils traduisent une conception de l'équipe et induisent des effets différents.

Nous aborderons ainsi :

• dans l'exposé 1, les notions générales sur le *team building*, sa définition, ses caractéristiques ; nous y traitons notamment du rôle du consultant ;

• dans l'exposé 2, le client et sa demande ; l'analyse de celle-ci est explicitée ;

• dans l'exposé 3, la préparation de l'intervention, tant sous l'angle du programme que du cadre matériel ;

• dans l'exposé 4, le déroulement du séminaire avec ses points clés, démarrage, diagnostic, conclusion ; le rôle du corps y est souligné ;

• dans l'exposé 5, les méthodes de travail, allant des principes de leur mise en œuvre à leur application la plus concrète.

Notions générales

exposé 1

1. Qu'est-ce que le *team building* ?

Le mot *team building* est passé dans le vocabulaire courant de l'entreprise. L'original anglais signifie « construction d'équipe ». Les équivalents français les plus courants sont : *constitution, cohésion, dynamisation d'équipe.* Aucun ne s'est vraiment imposé, car chacun n'en évoque qu'un aspect particulier. Ce pourquoi nous gardons le terme anglais dont l'usage recouvre ces différentes acceptions. Il a l'avantage d'insister davantage sur l'action qui consiste à faire fonctionner une équipe que sur le résultat obtenu ; c'est que celui-ci est fragile et nécessite une volonté permanente. Bien travailler en équipe n'est pas une donnée de nature ; cela demande un effort soutenu.

Si l'expression est relativement récente, la pratique l'est moins. Le souci d'améliorer le fonctionnement d'une équipe ne date pas d'aujourd'hui ; mais l'urgence à le faire est rendue plus grande par la recherche continue de productivité. Qu'une équipe fonctionne bien n'a pas seulement un but d'harmonie individuelle et collective ; c'est aussi une nécessité économique.

Le gain concrètement apporté par le *team building* se traduit de différentes manières :

– il facilite la circulation d'une ressource stratégique rare, l'information ;

– il diminue, et dans l'idéal tend à supprimer, le temps perdu en conflits internes ;

– il favorise une meilleure utilisation des compétences de chacun ;

– il oriente l'équipe vers un but commun ;

– il donne à chacun l'occasion de mieux exprimer ses capacités ;

– il crée un climat qui développe la motivation.

Il n'y a pas pour cela de recettes magiques. Le *team building* n'est pas une solution toute faite qui viendrait par enchantement résoudre tous les problèmes. Il s'appuie sur des concepts et des pratiques qui ont fait leurs preuves. Les apports sont nombreux, qu'ils viennent de la psychologie sociale, française, anglaise ou américaine, ou du « développement des organisations », ensemble de pratiques destinées à maîtriser l'évolution d'un groupe social. On retrouve dans le *team building* des éléments connus. Pour autant, ce n'est pas un fourre-tout où on peut faire n'importe quoi. L'objectif doit être clairement défini, et la démarche élaborée en conséquence. Les outils ne sont rien s'ils ne sont pas ordonnés vers une fin. C'est pourquoi nous commencerons par traiter de la demande de *team building* et de la méthode pour y répondre, avant de passer en revue un certain nombre de techniques.

Le domaine d'intervention du *team building* est vaste. En fait, toute équipe est susceptible de s'y intéresser. Les variations d'un groupe à l'autre peuvent provenir :

• de l'activité du groupe : équipe de direction, équipe commerciale, de production, etc. ;

• du nombre de niveaux hiérarchiques à l'intérieur du groupe : groupe de pairs, groupe comprenant le supérieur hiérarchique et ses collaborateurs directs, groupe comprenant plusieurs niveaux hiérarchiques ;

• de la stabilité des membres : présence dans le groupe allant de quelques mois à quelques années ;

• de la durée du groupe. On distingue notamment à cet égard :

– les groupes permanents ou plus exactement à durée indéterminée, qui font partie de la structure de l'entreprise et durent aussi longtemps que leur existence n'est pas mise en cause,

– les groupes de projet, mis en place pour remplir une mission précise et dont la durée est liée à l'accomplissement de la mission,

– du stade de vie : démarrage ou étape intermédiaire au cours de l'évolution.

On pourra donc se trouver devant différents cas de figure, par exemple :

– lancement d'un groupe pluridisciplinaire et multihiérarchique de projet, constitué dans un but précis et pour une période fixée à l'avance ; on aura là typiquement une action de constitution d'équipe, destinée à mettre un groupe sur « ses rails » ;

– réflexion d'un groupe de commerciaux qui fait régulièrement le point sur son mode de fonctionnement par rapport à l'atteinte de ses objectifs ;

– intégration de nouveaux membres, en particulier du responsable, par une équipe de direction.

Les exemples pourraient être multipliés à l'infini. Mais quelles que soient les circonstances particulières et l'objectif spécifique, on retrouvera dans toute action de *team building* des éléments fondamentaux communs ; c'est d'eux qu'il sera question dans cet ouvrage.

2. Les caractéristiques du *team building*

De par son champ d'action et sa finalité, le *team building* est en soi ouvert à tous et en tout temps. Faire en sorte qu'une équipe soit plus cohérente et plus efficace ne relève pas d'un moment particulier et n'est pas l'exclusivité d'une seule personne. Tout le monde est concerné, tout le temps.

La contrepartie de cette responsabilité générale, c'est le risque que personne ne soit concerné à aucun moment. Ce qui est l'affaire de tous est toujours en danger de n'être l'affaire de personne. Et ce qui est une action de tous les instants risque de se diluer dans le flot de l'activité. Le *team building* va donc se caractériser par des « temps forts », qui en seront particulièrement représentatifs. À la limite, ce sont ces actions spécifiques qu'on aura en vue lorsqu'on parlera de *team building*. Elles se caractérisent le plus souvent par deux éléments particuliers, qui viennent rompre le rythme de vie normal de l'équipe :

– la présence d'un intervenant extérieur : le *consultant* ;

– l'existence d'un moment exclusivement consacré au *team building* : le *séminaire*.

Le consultant

Le consultant est un tiers extérieur à qui il est demandé, pour une durée limitée et dans le cadre d'un objectif défini, de mettre sa compétence au service du groupe.

Pourquoi faire appel à un consultant ?

Deux raisons principales motivent l'appel à un consultant :

– disposer de compétences qui ne sont pas disponibles à l'intérieur de l'équipe ;

– bénéficier d'une ressource extérieure, non impliquée dans la vie habituelle du groupe.

L'exercice 1 vous permet de déterminer dans quelle mesure un consultant vous est utile.

Choix du consultant

La première question à vous poser est celle du type de consultant avec lequel vous souhaitez travailler. Pour simplifier, les consultants se répartissent en deux grandes « familles » :

– ceux qui sont plus orientés vers le contenu ; ils ont, en général, tendance à déposer des conclusions, à indiquer ce qu'il faut faire ;

– ceux qui sont plus orientés vers le processus ; ils ont, en général, tendance à proposer des démarches pour vous aider à poser le diagnostic et trouver les solutions.

Les cabinets d'organisation ou de stratégie se rangent le plus souvent dans la première catégorie; les conseils en animation d'équipes ou développement d'organisation le plus souvent dans la seconde. La pratique d'ailleurs est mixte; tout consultant fait un peu des deux. Il y a cependant des dominantes et selon votre tempérament et vos besoins, vous préférerez entendre de la bouche du consultant l'une ou l'autre de ces deux phrases types :
– « Voici à mes yeux votre problème et je vous suggère d'y porter remède de la manière suivante; »
– « Voici la démarche que nous pourrions suivre pour mieux définir votre problème et trouver les solutions appropriées. »

Sur quels critères s'appuyer pour choisir un consultant?

– L'expertise
C'est à l'évidence le critère fondamental. Encore faut-il avoir des éléments pour en juger. Deux sont à retenir :

• *les labels.* Si la profession de consultants n'est pas aussi réglementée que d'autres (experts-comptables, conseillers juridiques), elle n'en a pas moins élaboré certaines garanties :
– l'adhésion à des associations et organisations professionnelles est en général une preuve de sérieux, bien que la plupart de ces associations acceptent sans contrôle ceux qui s'y inscrivent;
– la certification de qualité commence à se développer, même si son application dans le conseil, par essence individualisé, est difficile;
– la qualification accordée par l'Office professionnel de qualification des conseils en management (OPQCM) est à ce jour le système de qualification le mieux adapté à la profession.

• *l'expérience acquise.* La formation des consultants est en général variée; des diplômes spécifiques (DESS notamment) existent mais sont loin d'être la voie unique d'accès à la profession. En tout état de cause, les actions conduites sont le meilleur critère de la capacité d'un consultant. On pourra alors faire appel aux témoignages d'anciens clients (c'est ainsi que procèdent les organismes de qualification).

– Le « fit »
On choisit normalement un consultant parce qu'on s'entend bien avec lui. La relation client/consultant n'est pas celle d'un couple sadomasochiste. Le consultant n'est certes pas là pour plaire à son client, tel celui qui répondait lorsque son client lui demandait l'heure : « Quelle heure voulez-vous qu'il soit? » Le consultant peut, doit même à l'occasion, être dérangeant. Mais si la confiance n'existe pas, aucun travail efficace ne sera possible. Il entre ici une part de subjectivité. Elle doit être acceptée en tant que telle.

– Les critères secondaires ou inutiles
Ils peuvent venir légitimement en complément des critères précédents; mais s'ils les remplacent, la décision risque d'être faussée. Les deux critères de cet ordre les plus courants sont :

• *la notoriété.* Qu'un consultant ou un cabinet soient connus est plutôt bon signe. Mais la notoriété doit être interprétée comme un indicateur de qualité, à vérifier par rapport à l'objectif de l'intervention, et non comme un critère de décision en soi. Tant par rapport aux hommes que par rapport aux outils, il faut se méfier des modes en matière de management ;

• *la taille du cabinet.* Les grands cabinets suivent en général des procédures d'intervention plus normalisées que les consultants indépendants; le type de résultat que vous pouvez en attendre est donc plus prévisible – ce qui, selon le point de vue que vous adoptez, est un avantage ou un inconvénient! La taille peut être un facteur favorable si l'action entreprise est de grande envergure et nécessite de nombreux intervenants; cependant, les petites structures ont développé des réseaux qui leur permettent des mobilisations conjointes. Si vous traitez avec un grand cabinet, il est une précaution indispensable : voir individuellement chacun des consultants qui interviendra et pas seulement le senior qui les pilotera.

Méthodes de sélection

L'appel d'offre

L'appel d'offre est la mise en concurrence selon une procédure définie à l'avance. On l'utilisera de préférence pour les opérations importantes.

À faire :

– élaborer un cahier des charges insistant sur l'objectif et les résultats à atteindre;

– énoncer clairement les critères de sélection et ce qui est attendu du consultant;

– établir une « short list », c'est-à-dire une liste restreinte composée de 3 à 5 consultants dont vous estimez par contacts préalables qu'ils ont globalement les qualités nécessaires pour mener l'intervention.

À éviter :

– consulter trop de personnes (le tri sera difficile au-delà de 7, ou il vous faudra organiser un deuxième tour) ;

– rédiger un cahier des charges qui développe le « comment » : ce doit être justement l'apport de la réponse;

– organiser un appel d'offres pour récolter les idées des consultants et les utiliser ensuite à votre manière!

Le gré à gré

En ce cas, le choix se fait directement, sans procédure déterminée.

Cette démarche se justifie notamment quand :

– l'opération initiale ne dépasse pas un certain cadre budgétaire (variable selon les entreprises) ;

– il s'agit de la suite logique d'une action dont on ne veut pas changer l'esprit et la méthode;

– le consultant a donné toute satisfaction dans des opérations du même type;

– la connaissance que l'on a du marché donne la certitude que le consultant retenu présente toutes les qualités requises.

Cette manière de faire est légitime et fréquente ; elle peut présenter les inconvénients suivants :
– sclérose méthodologique : si l'effet de mode est à fuir comme la peste, il n'est pas nécessaire pour autant de toujours faire la même chose de la même manière ;
– hégémonie d'un consultant : il peut être tellement intégré à l'entreprise qu'il en perd son extériorité et double la hiérarchie.

On veillera donc à l'équilibre délicat entre la continuité des actions et la diversité des interventions.

La tenue d'un séminaire

Avec la présence d'un consultant extérieur, la tenue d'un séminaire est caractéristique d'une action de *team building*. Non pas encore une fois qu'elle s'y réduise. Mais l'expérience montre la nécessité d'un *temps fort*, au cours duquel le *fonctionnement du groupe* sera le point focal de son attention.

Ce temps prend le plus souvent la forme d'un séminaire, dont nous examinerons dans l'exposé 3 les principales modalités.

Le client et sa demande

exposé 2

1. Le client

Fondamentalement, le client est celui qui demande l'action de *team building*. Sous cette apparente simplicité, se cache dans la pratique une diversité de situations.

Les types de clients

Le client direct : c'est normalement le responsable de l'équipe où va se situer l'intervention. Il ressent le besoin d'une action d'amélioration de son équipe ; il en formule la demande. Il est l'interlocuteur privilégié.

Le représentant du client : il sert d'intermédiaire entre le client et le consultant. Les responsables de ressources humaines jouent souvent ce rôle. En ce cas, le client direct les charge de trouver le consultant idoine, ou de leur en proposer deux ou trois parmi lesquels il fera son choix. Plusieurs points demandent à être éclaircis pour la bonne suite de l'intervention :
– Le responsable ressources humaines est-il un « acheteur » de services, ou a-t-il son mot à dire dans l'expression de la demande ?
– De qui vient la demande : du responsable opérationnel ou du responsable RH qui tient un rôle d'instigateur ? En ce cas, il s'agit d'une demande pour autrui, qu'il faudra valider au plus tôt auprès du client désigné.
– Quelle est la nature des relations entre le client et l'intermédiaire ? Et quelle est la vraie demande de chacun ?

Dans tous les cas, il est indispensable d'avoir un contact direct avec le client avant de démarrer l'intervention.

Les participants. Leur implication peut se situer à des niveaux différents :
– ils éprouvent le besoin de l'intervention et ont participé à l'élaboration de la demande ;

– ils sont d'accord sur l'intervention mais n'ont pas eu d'apport sur les modalités;
– ils sont en désaccord sur l'intervention, qu'ils peuvent même éventuellement considérer comme un rideau de fumée destiné à cacher les vrais problèmes.

L'éclaircissement de ce point est l'un des principaux objets de l'analyse de la demande.

Les bénéficiaires de l'action de team building. Ils débordent largement le cadre de l'équipe où a lieu l'intervention. Ainsi, les fournisseurs et les clients sentiront probablement les répercussions de l'action, si celle-ci a un véritable impact sur le fonctionnement de l'équipe. Les relations de l'équipe avec son environnement devront donc être comprises dans l'objet de l'intervention.

Caractéristiques optimales du client

Pour que l'intervention soit efficace, le client doit remplir certaines conditions :

Ressentir réellement le besoin de l'intervention. Une action a d'autant plus de chances de réussir qu'elle correspond à une véritable attente et qu'un résultat positif en est escompté. Évident? Pas tellement; on rencontre des demandes fondées par exemple sur :
– *La mode,* qu'elle soit générale ou propre à l'entreprise. C'est souvent le cas des engouements pour un outil ou une personne. Il est de bon ton d'avoir travaillé avec untel ou d'avoir expérimenté telle méthode. « Faire » de la PNL ou de l'*outdoor* n'est pas un but en soi; s'il n'y a pas d'objectif précis, on aura au mieux passé un bon moment ensemble – ce qui peut être agréable mais n'est pas suffisant pour justifier une intervention.
– *Le désir d'un autre* : « Il serait bon que vous fassiez. » Ce désir peut émaner de la Direction des ressources humaines, qui veut promouvoir une politique ou de la hiérarchie, qui a décidé d'une action globale. Tant que le client n'est pas personnellement demandeur, l'action risque d'être superficielle. Le tiers peut servir de motivateur, de déclencheur, mais ne remplace jamais la volonté du client.

En bref : il vaut mieux travailler avec un client exigeant qui a un problème à résoudre, car il y consacrera du temps et de l'énergie et disposera de vrais critères d'appréciation.

Financer l'action. C'est le corollaire du point précédent, et souvent le moyen de vérifier d'où vient vraiment la demande. Si le client a trouvé de lui-même un financement (à l'intérieur de l'entreprise ou d'organismes extérieurs), tant mieux pour lui; si, en revanche, il s'inscrit dans le cadre d'un programme ou d'un budget qu'il « faut » dépenser (ce qui peut arriver dans des administrations ou certaines grandes sociétés), la motivation risque d'être faible. Il est en général assez sain que le client soit le payeur.

Être décidé à s'investir personnellement. Faire suivre un séminaire à son équipe sans y participer soi-même présente deux inconvénients majeurs :

– si ce n'est pas bon pour le chef, pourquoi le serait-ce pour ses collaborateurs ? L'attitude pratique contredit le message verbal ; elle renforce le clivage « eux-nous », qui est justement une des questions de base du *team building*;

– l'équipe telle qu'elle fonctionne comprend son responsable. Elle n'est plus la même s'il s'en absente. On ne peut d'ailleurs même plus parler de *team building*; au mieux, il y a apprentissage d'une démarche par un groupe de participants ; au pire, il y a la frustration d'avoir escamoté les vraies questions qui se posaient. On entend parfois un responsable dire : « Ne croyez-vous pas qu'il vaut mieux que je ne sois pas là pour que les gens s'expriment librement ? » Il est certes nécessaire que les points de vue soient différenciés et il peut être utile qu'ils soient élaborés indépendamment les uns des autres. Cela peut se faire, par exemple, au moyen d'entretiens préalables, ou à des moments spécifiques du séminaire. Mais ces points de vue doivent être rapprochés et traités en commun – c'est bien le but du *team building*; si ce n'était pas possible, il s'agirait d'un problème de fonctionnement qui devrait être traité en tant que tel.

Être prêt à supporter le risque de la remise en cause et du changement. Déclencher une action de *team building* ne revient certes pas à ouvrir une boîte de Pandore ; on peut en prévoir globalement les effets et en canaliser les manifestations. Mais ce n'est pas pour autant une action lénifiante et sans conséquence ; l'échange entre les participants peut entraîner des remises en cause sur des comportements, des manières de faire, des objectifs. Des changements auront lieu. Et il n'y a pas de raison que le responsable en soit exempté. Ou alors, c'est qu'il entend que les autres changent et non lui – ce qui est un indicateur quasi certain d'échec de l'intervention.

Préciser les objectifs et le cadre de l'action de team building. Tous les thèmes ne sont pas traités nécessairement de la même manière ; certaines données institutionnelles devront être acceptées comme telles ; d'autres sujets sont ouverts à la discussion et au changement. S'il n'y a que des contraintes et que rien ne peut être changé, mieux vaut s'abstenir de *team building*, les frustrations seraient trop grandes ; en sens inverse, il ne sert à rien de passer trop de temps sur ce qui est en dehors du champ d'influence du groupe.

2. La demande

La demande du client est le point de départ de toute action de *team building*. De sa formulation par le client et de sa compréhension par le consultant dépend pour une large part le succès de l'intervention. Or, ni la clarté de la formulation ni la netteté de la compréhension ne sont acquises ! La demande peut, en effet, se situer à plusieurs niveaux.

La demande explicite

C'est ce que le client exprime immédiatement. À l'expérience, on distingue deux grandes familles de demandes :

Le traitement d'une difficulté

Parmi les questions les plus couramment mentionnées :
– objectifs mal définis, mal communiqués, peu compris;
– répartition des rôles pas claire, conflits de territoires;
– inefficacité, temps perdu, baisse de productivité;
– mauvaise circulation ou rétention de l'information;
– réunions trop/pas assez fréquentes, mal organisées;
– apathie, découragement, manque de réactions, absence d'initiative;
– agressivité, concurrence interne destructrice, contre-dépendance;
– excès/absence d'autorité.

Ces points peuvent être la partie émergée de l'iceberg; ils sont alors la manifestation de difficultés plus profondes. Cela ne veut pas dire pour autant qu'ils doivent être négligés. L'intervention aura bien pour but de les faire disparaître; mais pour ce faire, il pourra être nécessaire de traiter la cause sous-jacente.

L'amélioration de l'existant

Il ne s'agit pas de porter remède à une difficulté précise, mais de contribuer au bon démarrage d'un groupe ou d'améliorer le fonctionnement d'un groupe qui se porte bien. Dans la mesure où l'efficacité d'un groupe est un facteur de productivité de plus en plus reconnu et où l'efficacité du groupe dépend de son bon fonctionnement, ce type de demande est en augmentation.

La demande implicite

C'est ce que le client attend comme résultat et qu'il ne formule pas immédiatement. Le client peut souhaiter que le consultant comprenne sa demande implicite ou au contraire, vouloir la maintenir cachée. Il peut alors y avoir volonté d'utiliser le consultant à son insu pour un autre objectif que celui annoncé.

Si la manipulation délibérée est à notre expérience rare, le fait que la demande se situe sur plusieurs niveaux différents est en revanche fréquent – et parfaitement normal. Lorsque demandes explicite et implicite sont compatibles, il n'y a pas de problème particulier. Exemple :
– demande explicite : un responsable demande une intervention au motif que son équipe n'est pas assez performante;
– demande implicite : il espère une promotion et l'un des critères de jugement est sa capacité à animer son équipe.

En revanche, il peut arriver que les deux demandes soient incompatibles. Exemple (malheureusement réel!) :
– demande explicite : améliorer en commun l'adéquation de chaque membre de l'équipe à la tâche qui lui est confiée;

– demande cachée (et fortement manipulatrice) : établir la liste des premiers départs pour le prochain plan de licenciement.

La demande latente

Par demande latente, nous désignons le problème à traiter réellement, la cause profonde des symptômes qui ont motivé la demande explicite et dont personne au départ n'est vraiment conscient. La distance entre les deux peut être très faible, soit que le client ait lui-même parfaitement diagnostiqué la nature du problème, soit que la difficulté énoncée soit légère et conjoncturelle et ne relève pas d'une analyse approfondie. L'écart entre les deux demandes peut également être très grand, un symptôme apparemment superficiel révélant des dissensions profondes.

Exemple : un groupe démarre toutes ses réunions en retard. La demande explicite est formulée comme un apprentissage des méthodes de travail en groupe. En réalité, chaque membre du groupe, jaloux de son autorité, cherche à éviter toute prise de décision commune.

Distinguer les différentes demandes et les analyser est le premier travail lors d'une action de *team building*. Il est utile de se poser un certain nombre de questions pour s'obliger à y voir clair et vérifier que l'on n'a pas omis un point important. On trouvera dans l'exercice 2 un exemple de ces questions.

3. Analyse de la demande

L'analyse de la demande est donc la première étape d'une intervention de *team building*. Elle est la condition indispensable de la poursuite de l'opération, dont le succès dépendra pour une bonne part de la clarification des objectifs poursuivis. Les questions principales à se poser sont :

– avec qui procéder à l'analyse de la demande ?

– comment s'y prendre ?

Analyse de la demande avec le client

L'analyse de la demande se fait au premier chef avec le client lui-même. Elle nécessitera un ou plusieurs entretiens. À ce stade, l'intervention est en fait commencée, puisqu'un travail de réflexion est entrepris avec le client.

Les méthodes à employer sont celles qui relèvent de l'entretien. Voir notamment dans la même collection, *L'entretien de face à face dans la relation d'aide*, de Roger Mucchielli.

Analyse de la demande avec d'autres personnes que le client

Qui consulter ?

Les futurs participants pour :
- recueillir leurs propres demandes ;
- établir le diagnostic ;
- valider les hypothèses de travail ;
- les impliquer dans le processus de *team building*.

D'autres personnes concernées en raison :
- de leur position hiérarchique, par exemple le supérieur, pour mieux cerner le contexte global de l'intervention ;
- de leurs liens avec l'équipe : fournisseurs, partenaires et surtout clients ;
- des informations dont ils disposent : Direction des ressources humaines, *gatekeepers* (personnes ayant un rôle informel de pivot d'information et de mise en relations).

Dans tous les cas, il est important :
- d'assurer une complète transparence du processus, notamment en ce qui concerne les personnes à voir et les raisons pour lesquelles on veut les voir ;
- dans le même temps, de garder une stricte confidentialité à chaque entretien.

Comment procéder ?

Les entretiens non directifs[1] de face à face sont en général la meilleure démarche car ils permettent de recueillir le maximum d'informations, sans idée préconçue. Le recueil d'informations par questionnaires relève plus des enquêtes de motivation ou de morale auprès d'un nombre élevé de personnes.

La prise de notes écrites est le moyen le plus approprié de garder trace des entretiens. L'usage du magnétophone nous paraît plutôt réservé aux enquêtes.

Le traitement des informations ainsi recueillies, ou analyse de contenu, peut se faire, soit de manière très formalisée, avec un appareillage statistique, soit de façon plus légère, par regroupement d'idées selon une approche plus qualitative.

Compte rendu

Les résultats des entretiens doivent faire l'objet d'une double *restitution*, au client d'une part, aux personnes qui ont été interrogées d'autre part. Il convient d'éviter l'appropriation sans retour par le consultant des informations qui lui ont été données. Il

1. On se réfèrera dans la même collection à l'ouvrage de Roger Mucchielli, *L'analyse de contenu des documents et des communications*. La technique des « cartes mentales » peut rendre ici de grands services - voir exercice 37.

s'agirait d'une dépossession qui augurerait mal de la suite du processus. Le but n'est pas pour le consultant d'accumuler un savoir sur le groupe, mais de fournir au groupe les éléments nécessaires pour lui permettre de bien fonctionner.

Le client est naturellement la première personne à bénéficier d'une telle restitution de l'information. Il est en général opportun, sans déflorer pour autant le séminaire, de lui faire part des principales informations; il est également utile de lui signaler les domaines dans lesquels il pourrait être mis en cause – ou en question. Le responsable de l'équipe a un statut particulier : il convient ni de le mettre particulièrement en difficulté, ni de le surprotéger ! Un entretien en face à face avant la restitution collective ou le séminaire permettra le plus souvent de faire un dernier point.

Le *feed-back* aux participants du séminaire se fera normalement de façon collective au cours d'une réunion, ou au début du séminaire s'il s'en tient un. L'apport du consultant à ce niveau consiste à restituer ce qui lui a été dit dans une lumière nouvelle, qui donne un sens global et une cohérence aux points de vue individuels. Le *feed-back* sera précis : on y utilisera de préférence des faits connus de tous. Les problèmes liés à une personne seront abordés s'ils ont un impact sur la vie même du groupe. C'est souvent le cas pour ce qui concerne les relations entre le responsable et l'équipe (et c'est ce qui explique qu'il puisse avoir droit à une information préalable) ; ce peut être aussi le cas d'une personne qui occupe une place particulière, positive ou négative (sage ou bouc émissaire). En ce cas, le travail du consultant consistera à différencier ce qui est du domaine de la personne, et comme tel à respecter, de ce qui est significatif pour le groupe et qui doit être clairement abordé.

En tout état de cause, ce retour d'information n'est en aucun cas un jugement du consultant mais la base d'une discussion ouverte au cours de laquelle le groupe lui-même pourra forger son propre diagnostic.

Enfin, il conviendra de prévoir une *restitution simplifiée* auprès des personnes non directement parties prenantes de l'intervention mais qui auraient été consultées pour diverses raisons. Cette restitution peut se faire plus tardivement et éventuellement sous forme écrite.

La préparation de l'intervention

exposé 3

Différentes questions, tant théoriques que pratiques, se posent lors de la préparation de l'action de *team building*. L'ordre relativement logique dans lequel nous les présentons ici n'est pas nécessairement celui qu'imposera la pratique !

1. Le mode opératoire

La forme que prendra l'action de *team building* est variable. On distingue habituellement :

– la formation, apprentissage d'une démarche par l'enseignement. Sous son aspect le plus caractéristique, la formation se déroule avec des participants n'ayant pas entre eux de liens professionnels directs (qu'ils viennent d'entreprises différentes, ou d'unités différentes d'une même entreprise), dans un lieu et selon des modalités extérieures à la vie professionnelle quotidienne ;

– l'intervention, réflexion-action à partir de la pratique quotidienne. L'intervention se situe par définition sur le lieu de travail, au sein d'une équipe naturelle ; elle se fonde sur les activités professionnelles elles-mêmes.

La pratique est évidemment plus complexe et on alternera avec profit différentes modalités :

– des temps forts, sous forme de séminaires ayant lieu en dehors de l'entreprise, au cours desquels l'équipe naturelle fera le point de son fonctionnement, apprendra de nouvelles démarches et manières de faire ;

– éventuellement, des formations en dehors du groupe naturel, pour certains membres qui souhaiteraient approfondir l'un ou l'autre point ;

– des actions intermédiaires, entre deux temps forts, pour assurer la continuité de l'apprentissage : conduite de projets personnels ou de groupe pour intégrer les acquis des séminaires ;

– des interventions sur le terrain, au cours de l'activité habituelle, avec ou sans consultant.

L'expérience montre la nécessité de multiplier les angles d'approche pour obtenir un changement profond et durable. Un séminaire de deux jours, aussi bien conçu soit-il, n'est pas suffisant à lui seul.

2. Le programme

Le programme est le scénario du déroulement de l'intervention. Il comporte trois aspects principaux :

– les thèmes à aborder en fonction de la demande du client et de l'analyse qui en a été faite ;

– les modalités de travail (séminaires, projets à conduire, interventions...) ;

– les étapes successives et la prévision de leur déroulement dans le temps.

On notera que si le programme est une base indispensable pour guider l'action vers l'objectif, il est susceptible de nombreuses modifications en cours de route. Le *team building* n'est pas un enseignement abstrait suivant un ordre préconçu, mais une action continue d'amélioration du fonctionnement d'une équipe, en fonction de son activité, de son environnement et des membres qui la composent. Les changements fréquents de ces différents facteurs entraîneront des changements du programme. Le déroulement même de celui-ci modifie les étapes ultérieures. On s'aperçoit, en effet, qu'en traitant une question, d'autres problèmes se résolvent et que la situation se présente alors sous un jour différent.

3. La proposition

La proposition est l'offre faite par le consultant en réponse à la demande du client. Son contenu varie bien entendu en fonction de celle-ci. Nous donnons ici, à titre d'exemple, un plan-type.

Rappel de la demande

– Contexte.

– Le problème tel qu'il a été exprimé.

Objectifs de l'intervention

– Le but à atteindre tel qu'il ressort de l'analyse de la demande.

– Les critères d'évaluation d'obtention du résultat.

Méthodologie

– Les modalités d'action.

– Les « outils » utilisés.

Programme
– Étapes du déroulement.
– Calendrier.

Budget
– Montant.
– Conditions de paiement.

Intervenants

La présentation de la proposition dépend bien entendu de chacun, elle devrait surtout dépendre du client lui-même et être adaptée à son type psychologique[1].

4. Les modalités pratiques

L'organisation d'une action de *team building* et notamment de son temps fort, le séminaire, comprend un certain nombre de modalités pratiques particulièrement importantes pour le bon déroulement de l'action.

La durée

La durée du séminaire est en moyenne de deux ou trois jours. Il est rare de pouvoir dégager plus de temps et il semble à l'expérience plus profitable de prévoir un séminaire de trois jours suivi d'un deuxième séminaire de deux jours quelques mois après, que de faire cinq jours à la suite.

En dessous de deux jours, on parlera plutôt d'une séance de travail que d'un séminaire. La journée sera fort utile après démarrage de l'action, pour faire le point. Le lancement nécessite deux à trois jours, la formule une soirée plus une journée étant à nos yeux un minimum incompressible.

La formule de séminaire résidentiel est préférable pour le lancement de l'intervention. Elle permet en effet de :
– disposer de plus de temps ;
– être plus flexible dans les horaires ;
– favoriser les échanges informels ;
– organiser différents types d'activités (voir plus loin la section « place du corps dans le séminaire »).

Le cadre

Les hôtels et châteaux ne manquent pas, qui offrent des possibilités de séminaires. Il existe même des guides tels que :
– *Bedouk : le guide séminaires et congrès*, 71, bd de Brandebourg, 94854 Ivry-sur-Seine.

1. Voir sur ce point, dans la même collection, l'ouvrage *Les types de personnalité*.

– *Réunir : guide des lieux de réunions, séminaires et congrès*, Rencontre et communication, 47, rue de l'Alma, 92400 Courbevoie.
– *Châteaux et hôtels indépendants*, Centrale 01 40 15 00 99.

Pour faciliter votre décision, voici quelques conseils tirés de l'expérience
– Facilité d'accès : à évaluer en fonction de la durée du séminaire. Si vous disposez de trois jours, vous pouvez prévoir un lieu relativement excentré. Sinon, vous risquez de doubler la durée du séminaire par les temps de transport. Les hôtels à proximité d'aéroports, souvent très pratiques, conviennent plus aux réunions de la journée qu'à un séminaire proprement dit.
– Agrément et originalité de l'environnement. Un cadre permettant l'oxygénation en cours de séminaire est à recommander surtout si vous prévoyez des temps de détente ou d'activités physiques extérieures. *Aventures en France* par le Guide du Routard (Hachette) peut fournir des idées originales.
– Type d'hôtel : la grande chaîne vous garantit la stabilité de la qualité des prestations. Mais elle manque souvent d'originalité et vous vous retrouverez au milieu de plusieurs autres séminaires. C'est pourquoi, pour le lancement d'une action de *team building*, nous préférons un lieu :
• permettant une déconnexion claire avec la vie quotidienne ;
• recevant un seul séminaire à la fois ;
• offrant un environnement favorisant l'oxygénation.

Conditions de travail
Si hôtels et châteaux portent en général grand soin aux chambres et à la salle de restaurant, il n'en va pas de même pour les salles de réunion qui font souvent figure de parents pauvres, même dans de grands hôtels. On prévoira une salle pour l'ensemble du groupe et une ou deux salles de sous-commission. Voici quelques critères de qualité :
– taille : au moins 3 m^2 par participant ;
– ouverture : éviter aussi bien les salles aveugles (d'où la lumière peut difficilement jaillir) que les verrières (qui soufflent le chaud et le froid) ;
– affichage : il doit y avoir suffisamment de murs ou de panneaux disponibles pour permettre l'affichage de la production du groupe ;
– insonorisation : tant pour éviter que ne pénètre le vacarme extérieur que pour permettre au groupe de s'exprimer librement sans informer le voisinage ;
– tables : de préférence petites, pour permettre de moduler les configurations.

Équipement
– Rétroprojecteur : facile à déplacer, pour ne s'en servir que quand il est vraiment utile.
– Tableaux de papier : vérifier qu'ils soient en nombre suffisant, stables, suffisamment alimentés en papier et en marqueurs. Les

tableaux permettant photocopie immédiate de ce qui a été écrit offrent des avantages importants (mis à part leur prix élevé !).
– Le photocopieur : utile pour distribuer des documents créés en séance.
– Informatique : en général de peu d'intérêt pour ce type de séminaire, sauf pour le confort de l'animateur qui peut créer des documents en fonction des besoins, surtout s'il a pris soin d'emmener son portable !
– Téléphone, fax, minitel : indispensables pour le confort psychologique (tant professionnel que personnel) des participants, il faut en réglementer sévèrement l'usage. Un séminaire où les participants s'absentent pour des communications « urgentes » devient très vite impossible à gérer. Lorsque le phénomène se produit, il doit être analysé immédiatement, comme un mode de fonctionnement (ou plutôt de dysfonctionnement) du groupe.

Déroulement du séminaire

exposé 4

Quel que soit le programme du séminaire :

– il comporte des étapes clés :

• démarrage,
• diagnostic,
• conclusion ;

– il nécessite de prendre en compte le corps dans l'organisation du travail.

Les thèmes ainsi abordés dans cet exposé sont traités sous l'angle d'un séminaire de *team building*. Ce qui en est dit peut cependant être adapté à toute réunion.

1. Le démarrage

Présentation des participants

Objectif

La présentation des participants ne doit pas être conçue comme une simple formule de politesse ; s'il s'agissait de connaître les noms de chacun, des chevalets suffiraient ! En fait, la manière de procéder aux présentations est un véritable travail, le premier auquel se livrent les participants. Il permet d'aborder la question du niveau de connaissance interpersonnelle nécessaire au bon fonctionnement du groupe.

Le modèle dit « Fenêtre de Johari » (d'après les prénoms de leurs auteurs) en donne une conceptualisation facile à présenter à un groupe.

En fonction de deux dimensions :

– ce que je sais/ne sais pas de moi ;

– ce que les autres savent/ne savent pas de moi.

Elle permet de déterminer quatre zones :
– ouverte : ce qui est connu de tous ;
– cachée : ce que je sais de moi et que les autres ne connaissent pas (mon domaine privé) ;
– aveugle : ce que les autres savent de moi alors que moi je n'en sais rien (« Il y a une tache sur ta cravate ») ;
– inconnue : ce dont personne ne se rend compte, et qui ouvre sur l'inconscient.

Ces quatre cases ont évidemment des tailles très différentes. La zone connue dans un groupe qui démarre est très faible, alors que les autres zones sont très importantes. Une partie du travail du groupe va être de déterminer le contenu souhaitable de la case « connue », ce qui doit être partagé pour que le groupe fonctionne bien. La taille de cette zone est fonction de la nature du travail, du mode de fonctionnement souhaité, de la personnalité des membres du groupe, de la durée de vie de celui-ci. Trois axes de développement se présentent :
– l'ouverture : ce que je vais dire aux autres de moi ;
– le *feed-back* : ce que les autres vont me dire sur moi ;
– la lucidité : l'effort que je vais faire avec les autres pour découvrir ce dont je ne suis pas conscient.

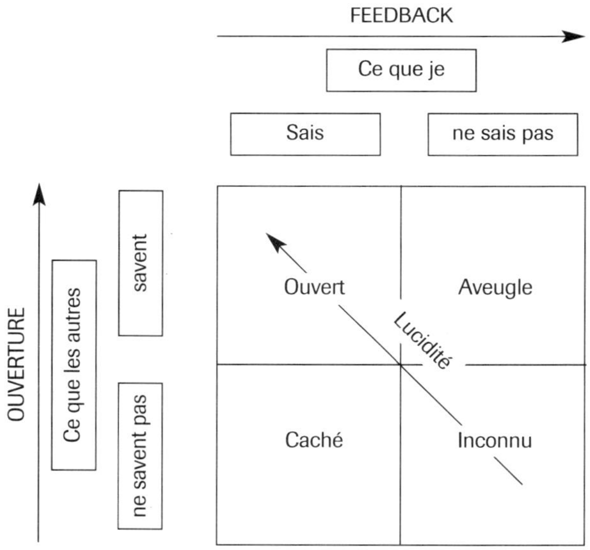

Méthodes

On distinguera deux cas principaux :
– les membres du groupe ne se connaissent pas ou peu : c'est le cas par exemple du lancement d'un groupe de projet qui vient d'être constitué. Les exercices 3, 4, 5 et 10 sont appropriés ;

– les membres du groupe se connaissent : c'est le cas d'un groupe naturel qui travaille sur son fonctionnement. Les exercices 6, 7, 8, 9 et 10 sont à envisager de préférence.

Les attentes des participants

Les attentes des participants vis-à-vis du séminaire doivent être globalement connues avant que celui-ci ne commence. Il est cependant bon d'en faire le tour au début du séminaire pour plusieurs raisons :
– permettre à tout le monde de s'exprimer;
– dire publiquement ce qui n'a pu être dit que de façon privée;
– mesurer les inflexions de dernière minute et l'orientation de l'énergie des participants.

Si l'on demande leurs attentes aux participants, il est indispensable qu'elles soient réellement prises en compte. Ceci implique :
– qu'elles soient notées et affichées;
– que l'on y revienne régulièrement (et pas seulement à la fin) pour voir si elles sont satisfaites.

Les attentes peuvent être exprimées de différentes manières : tour de table avec prise de notes au tableau par l'animateur, affichage de Post-it (voir Exposé 5). Elles peuvent faire l'objet d'une discussion spécifique ou être liées à la présentation des participants.

2. Diagnostic et objectif

Principe

Le diagnostic consiste à se mettre d'accord sur :
– le constat de la situation présente;
– la description de la situation désirée;
– l'objectif, ou « quel écart faut-il combler entre la situation présente et la situation désirée? ».

Dans la pratique, il convient souvent au démarrage de ne pas faire preuve de trop de rigueur dans la méthode. Une instruction très ouverte telle que : « Indiquez ce qui ne va pas et les points à améliorer » est en général largement suffisante.

Le but du diagnostic est avant tout d'obtenir un consensus des participants sur les points essentiels qu'il va falloir travailler au cours du séminaire.

Modalités de diagnostic

Le diagnostic se fait selon deux modalités principales, qui ne sont d'ailleurs pas exclusives :
– Un diagnostic par le consultant, qui sert de base à une discussion générale. Si l'analyse de la demande a conduit à une

enquête approfondie, c'est le moment d'en faire part au groupe. Il importe alors de prendre le temps nécessaire pour que le groupe s'approprie le diagnostic, que ce soit pour l'accepter, le rejeter, ou le modifier.

– Un diagnostic par les participants élaboré selon des modalités dont on trouvera des exemples :
- dans l'exposé 5 sur les méthodes de travail;
- dans les exercices 11 et 12.

Le diagnostic se fait tout naturellement en début de séminaire. Mais il peut également prendre place ultérieurement :
– si l'on veut commencer le séminaire par des activités de détente ou par des exercices de cohésion, sans démarrer trop rapidement le travail sur le fonctionnement habituel du groupe;
– lorsque, au cours du séminaire, il est nécessaire de faire le point sur un domaine particulier de l'activité du groupe.

3. La conclusion du séminaire

Attentes et objectif

À plusieurs reprises au cours du séminaire et en tout état de cause vers la fin, il est important de se retourner vers l'objectif et les attentes des participants pour vérifier qu'ils sont remplis, ou en bonne voie de l'être. Le cas contraire n'est pas forcément mauvais en soi : peut-être un problème insoupçonné est-il apparu, qu'il était plus urgent et plus important de traiter que ceux qui étaient prévus au programme. Encore faut-il que cela soit clairement reconnu, avec les conséquences que cela implique sur le traitement des questions qu'il était prévu d'aborder.

Plans d'action

Pour le groupe

Des actions auront certainement été décidées en cours de route. Il est bon de les récapituler, d'éliminer les éventuelles redondances ou contradictions, de voir si l'un ou l'autre point n'a pas été oublié.

L'exercice 43 donne un exemple de fiche récapitulative.

Pour les individus

En dehors de son implication dans les actions du groupe, chaque participant aura normalement découvert des domaines d'amélioration pour lui-même. Il est souhaitable de réserver, dans le cours même du séminaire, un temps de travail individuel pour que chaque participant fasse le point sur ce qu'il a appris et ce qu'il compte mettre en pratique.

L'exercice 44 donne un cadre de travail en ce sens.

Évaluation

L'évaluation d'un séminaire doit être l'occasion de faire le point sur ce qui s'est passé et d'en tirer des conséquences pour la poursuite de l'action et non de procéder à des jugements à chaud. L'exercice 45 donne un exemple de fiche pouvant être remplie par les participants.

Une rapide synthèse orale peut être faite en conclusion, en demandant par exemple à chaque participant de donner un adjectif décrivant son état d'esprit au moment de la fin du séminaire.

4. La place du corps dans le séminaire

Prendre soin du corps est indispensable pour la réussite du séminaire ; et c'est un bon entraînement pour le reste de la vie professionnelle où il est souvent moins bien traité qu'un mulet. L'attention portée au corps se situe à deux niveaux :
– un niveau général, commun à tout séminaire ou réunion, pour lequel le bon fonctionnement physique est une condition de la qualité du travail ;
– un niveau spécifique aux séminaires de *team building*, pour lequel le travail corporel peut être un élément de la cohésion de l'équipe.

Ergonomie du séminaire

Le rythme

La capacité d'attention est liée à l'intérêt porté au problème traité. Aborder, de façon motivante, des sujets qui tiennent au cœur des participants est un premier moyen d'assurer un bon rythme.

Mais quel que soit l'intérêt, le corps – ce qui inclut le fonctionnement intellectuel – a besoin de repos et doit respecter des limites qui sont trop souvent dépassées dans beaucoup de séminaires. Ce n'est pas la quantité de travail qui compte, mais son intensité et sa qualité.

Pour cela, il conviendra au cours de la journée :
– d'observer des pauses régulières, toutes les heures et demi environ ;
– de varier les modes de travail ;
– d'éviter le systématisme dans le traitement des questions, ce qui entraîne monotonie et ennui ;
– d'utiliser les soirées après dîner pour des activités détendues et non pour du travail intensif.

Il faudra également veiller à une répartition des activités sur l'ensemble du séminaire :
– les exercices physiques prendront place de préférence en début et milieu de séminaire plutôt qu'à la fin ;

– sur une durée de trois jours, le deuxième est celui où l'effort peut être le plus important.

La nourriture

C'est un élément important, qui contribue puissamment à la réussite du séminaire, à « l'ancrage » du travail qui y est accompli. Une bonne nourriture de séminaire doit répondre aux critères suivants :
– qualité culinaire élevée : les plats doivent être soignés, suffisamment abondants, présenter une certaine originalité. Point n'est besoin pour autant de verser dans la gastronomie de luxe ;
– qualité diététique encore plus élevée : menus équilibrés, légers, évitant les surcharges en viandes, graisses et fromages ;
– pauses « saines », s'écartant du traditionnel « café-jus d'orange-mauvais biscuit ». On préférera les corbeilles de fruits, les eaux minérales variées, les tisanes et thés naturels (pas en sachets !) ;
– vins légers, rouges de préférence, et de qualité ;
– service efficace et rapide : un repas de séminaire ne devrait jamais dépasser une heure et demie, café compris.

Les temps de détente

Des moments de décontraction physique sont absolument indispensables. On peut en distinguer trois grandes catégories.

Les « récréations »

Entendons par là, les moments hors travail, de préférence à l'extérieur, où les participants peuvent se détendre à leur gré. C'est l'occasion de profiter du cadre s'il a été bien choisi.

Il est sain de prévoir un temps libre après le déjeuner, utilisable pour une promenade, un tennis, un tour en barque… La durée de ce temps varie en fonction de celle du séminaire. Sur un programme de trois jours, il est tout à fait possible de rendre disponible une ou deux heures les premier et deuxième jours.

Les « coupures »

Il s'agit de courts instants où l'on s'occupe de réveiller, d'activer le corps engourdi par de trop longues stations immobiles. Les pauses ont en principe cet objectif, mais elles sont en général sous-utilisées. C'est pourquoi on pourra prévoir à la reprise du travail, ou au milieu d'une discussion qui semble s'éterniser et où l'on voit la fatigue s'inscrire sur les visages, un court temps de détente musculaire.

Voir des exemples pratiques dans les exercices 13 et 14. Ces exercices sont très faciles à exécuter. Leur seule difficulté consiste à oser les proposer, car il est inhabituel de se livrer à quelques mouvements simples au milieu d'une réunion de travail. Le gain est à la mesure du risque pris.

Les relaxations

La relaxation est un exercice de détente du corps et de l'esprit. Elle est utile à pratiquer :
– lorsque le groupe a besoin d'un temps de décontraction, de calme ;

– pour favoriser la concentration et la créativité avant un travail important.

La relaxation se pratique allongé, ce qui est souvent très difficile dans le cadre d'un séminaire, ou dans la position dite du « cocher de fiacre » :

– assis sur une chaise ;
– coudes sur les genoux (ou avant-bras à plat sur la table) ;
– tête tombant naturellement.

Il existe différentes sortes de relaxation ; le voyage intérieur accompli peut être très profond. On se limitera, en l'absence d'expertise personnelle développée, à des relaxations simples, comme celle décrite dans l'exercice 18.

Intégration du travail corporel dans le *team building*

Au-delà de cette bonne gestion du corps au cours d'un séminaire, il est possible, et souvent souhaitable, d'utiliser des activités physiques comme support de *team building*. Nous distinguons trois niveaux en fonction de l'implication demandée aux participants et de l'intégration de l'activité physique dans le processus même de *team building* :

– les exercices que l'on peut faire faire seul ;
– les activités conduites par un spécialiste ;
– les activités *outdoor*.

Exercices que l'on peut faire faire seul

Il s'agit d'exercices simples, sans risque physique, qui peuvent être conduits par tout animateur de groupe à la condition qu'il les ait d'abord expérimentés lui-même. En ce domaine encore plus que dans les autres, il nous paraît en effet impossible de faire faire ce que l'on n'a pas vécu soi-même.

Ces exercices ont deux buts :

– aider à la cohésion du groupe en accomplissant un travail commun ;
– accéder au niveau non verbal, pour enrichir le vécu du groupe.

Si le premier objectif ne pose pas de difficulté particulière, le second est à poursuivre avec plus de précaution. La mise en action du corps, les contacts physiques qui en résultent, peuvent faire surgir des émotions enfouies. Elles ne se manifesteront que très rarement de façon visible ; mais les répercussions pour celui qui les aura vécues peuvent durer longtemps.

Dans le cadre d'un *team building*, il ne nous paraît pas opportun de favoriser les jeux de compétition, mais plutôt ceux de collaboration. Non que nous cherchions à escamoter les conflits ; mais l'apprentissage poursuivi dans le *team building* est plutôt celui de la confiance et de la coopération.

Sous ces réserves, on trouvera dans les exercices 15, 16 et 17 des exemples d'activités physiques qui peuvent être conduites sans difficulté.

Intervention d'un spécialiste

Un pas supplémentaire peut être franchi, dans l'imbrication du travail corporel avec le *team building*, en faisant appel à un spécialiste (sauf si l'animateur du groupe l'est lui-même). Le travail physique devient alors partie intégrante du développement de la cohésion de l'équipe, au même titre que les autres activités.

Pour choisir l'activité, on se fondera plus sur la capacité de l'expert pressenti à faire travailler un groupe que sur la discipline même qui servira de support. Il ne s'agit pas en effet d'initier au yoga, au karaté, à la gymnastique ou à tout autre sport mais d'en utiliser des éléments pour faire travailler le groupe.

Pour qu'un tel travail soit efficace, on veillera au respect des critères suivants :

– maîtrise de sa discipline par l'animateur, en sorte qu'il soit capable de s'en distancier;
– cohérence du travail corporel et du travail effectué par le consultant sur le groupe, notamment en ce qui concerne les valeurs sous-jacentes et l'approche des relations interpersonnelles : il serait contradictoire que le consultant mette l'accent sur les valeurs de coopération et que les activités sportives soient de type purement compétitif;
– répartition du travail corporel au cours de la journée de façon à ce qu'il serve de contrepoint au travail en salle.

Les activités « outdoor »

On désigne sous ce vocable les activités en extérieur, exigeant une forte implication physique des participants et se déroulant sur une durée importante (de trois heures à trois jours). Elles peuvent être utilisées :

– de façon plutôt ludique, pour permettre aux membres du groupe de mieux se connaître en se côtoyant dans des activités non professionnelles;
– comme le support même du *team building*.

Ce type de séminaire peut être très enrichissant pour les participants. Il nécessite des moyens et des méthodes qui ne relèvent pas directement de ce manuel. Signalons seulement les critères principaux pour bien choisir l'activité :

– accessible à tous en fonction de la forme physique des membres du groupe, le danger ici est le nivellement par le bas;
– intéressant pour tous; l'écueil est le contraire du précédent, mieux vaut ne pas choisir une discipline dont l'un des membres du groupe est un champion;
– porteur de sens pour le *team building* : choisir une activité simple, demandant un effort plus soutenu que violent, de préférence à une activité voyante, fondée sur un risque momentané;
– fondé sur un risque modeste et maîtrisable par le groupe et non sur un risque élevé contrôlé par des éléments extérieurs.

Comme on le voit, trouver une activité adaptée à un groupe peut relever de la quadrature du cercle ! Mais le résultat est alors à la mesure des efforts consentis.

Méthodes de travail

exposé 5

Quels que soient les thèmes abordés au cours du séminaire, le groupe travaille et par conséquent utilise des méthodes appropriées. À noter que ces méthodes sont présentées ici dans le cadre d'un séminaire mais qu'elles sont aisément transposables dans à peu près toute situation. En conséquence, leur utilisation permettra d'atteindre deux objectifs :

– faciliter le travail du groupe au cours du séminaire ;

– apprendre aux participants des manières de faire qu'ils pourront intégrer ensuite dans leur pratique quotidienne.

1. Les principes

Alternance des modes de groupement

Il est utile pour le groupe de changer ses modalités de regroupement et de ne pas toujours travailler en grand groupe. Le fractionnement en sous-groupes ou le travail individuel se révèlent très positifs. Ils sont d'autant plus nécessaires que le groupe est plus grand.

Travail individuel

Le travail individuel s'utilise notamment pour permettre à chacun de :

– clarifier son point de vue sur une question : un temps de travail individuel est, par exemple, souvent un bon préalable à un tour de table ;

– faire application à son cas personnel de ce qui a été travaillé en grand groupe.

Ces temps individuels font partie du travail de groupe et doivent être intégrés comme tels dans le programme et l'horaire. Ils peuvent être pris individuellement – chacun partant alors dans un endroit qui lui convient – ou collectivement – les participants restant assis dans la disposition habituelle du groupe.

Travail en sous-groupes

Les travaux en sous-groupes (ou en « commissions ») remplissent plusieurs fonctions dans un séminaire de *team building* :

– sur le processus du groupe :

• ils permettent un brassage des participants et donc renforcent, de ce fait même, le taux d'interactions et la cohésion de l'équipe,

• ils rompent les habitudes qui peuvent se créer dans le grand groupe ;

– sur la tâche à accomplir :

• ils favorisent l'émergence de points de vue différents si le même sujet est donné aux sous-groupes,

• ils permettent de traiter un plus grand nombre de thèmes si chaque sous-groupe aborde un sujet différent.

Les sous-groupes peuvent être :

– homogènes si l'on cherche à favoriser la différenciation des opinions ;

– hétérogènes s'ils doivent représenter les différentes composantes du groupe.

Les critères utilisés pour la formation des groupes (soit pour les rendre homogènes, soit pour les rendre hétérogènes) dépendent beaucoup des objectifs poursuivis et de la nature du groupe. Voici les plus couramment employés :

– l'activité (administratif, commercial, production...) ;

– le secteur géographique ;

– le type psychologique (voir notre ouvrage *Les types de personnalité*) ;

– l'approche du problème (quantitative, qualitative) ;

– les intérêts et opinions (on peut aussi bien mettre ensemble les partisans d'une thèse que les mélanger avec les tenants de l'autre thèse selon l'objectif poursuivi).

Le travail en sous-groupe peut s'effectuer dans des salles séparées ou dans une même salle si elle est suffisamment grande. La formule en salles séparées permet une meilleure concentration du groupe sur son propre travail ; la formule « salle unique » procure un effet de « ruche » qui peut être un bon facteur de développement de l'esprit d'équipe.

Mentionnons à ce propos qu'il existe des formules de travail en sous-groupes interactifs. Michel Jousse a ainsi développé la méthode qui porte son nom ; elle permet de faire travailler en interaction jusqu'à 100 personnes réparties en sous-groupes. Nous sortons là du *team building* à proprement parler, mais l'expérience montre qu'il ne faut pas craindre de faire travailler des sous-groupes en synergie, à condition par exemple que les échanges d'une table à l'autre passent par un médiateur.

Travail en grand groupe

On réservera le travail en grand groupe pour les temps forts où un accord de tous est nécessaire : présentations des participants, diagnostic, communication d'informations importantes, plans d'action collectifs.

Si le groupe est petit (8-10 personnes), la formation en « grand groupe » sera assez souvent la norme. Mais il ne faut pas craindre de rompre un fonctionnement facile qui peut vite devenir un ronronnement.

Variété des méthodes

L'ennui naquit, dit-on, de l'uniformité. Rien n'est plus ennuyeux qu'un séminaire où, trois fois de suite, on reforme les mêmes sous-groupes ou adopte les mêmes méthodes.

Sans vouloir à tout prix faire un festival méthodologique, il convient d'adopter pour chaque thème la méthode la mieux adaptée et d'éviter la routine. C'est bien pour cela d'ailleurs que le groupe participe à un séminaire !

Souplesse d'application

Dans le même sens, il convient de se rappeler que la méthode n'est qu'un moyen pour atteindre l'objectif et n'a pas de valeur en soi. Toute méthode risque de prêter à l'esprit de système, et certaines plus que d'autres. S'il faut être rigoureux au démarrage pour éviter les flottements inutiles, il faut être très souple dans le déroulement. Un exemple typique est celui des tableaux à double entrée, utilisés dans de nombreux contextes : il n'est absolument pas nécessaire de remplir toutes les cellules, dès lors qu'on a trouvé l'essentiel de ce qu'on cherchait.

La même souplesse doit se manifester dans la gestion de l'horaire. Le but ultime et le délai final doivent être gardés bien en vue ; mais les étapes intermédiaires peuvent varier considérablement par rapport au programme initial. L'expérience montre que le premier point prend souvent plus de temps que prévu. Cela peut être, certes, dû à une mauvaise gestion du temps et à des digressions inutiles. Mais cela est bien souvent dû au fait que le premier point traité en fait surgir de nombreux autres par ricochet. Le temps apparemment perdu est regagné par la suite ; les points suivants du programme, soit n'ont plus de raison d'être, soit peuvent être traités plus rapidement.

2. Les fonctions

Différentes fonctions vont devoir être assurées au cours du séminaire de *team building*. Elles sont proches des fonctions normalement tenues dans un groupe, avec quelques inflexions dues au contexte particulier du séminaire.

L'animateur

Son rôle consiste à organiser la discussion, répartir la parole, faire en sorte que le groupe atteigne le but qu'il s'est fixé. Il intervient sur le processus et non sur le contenu.

Au cours du séminaire, ce rôle nous semble devoir être tenu pour l'essentiel par le consultant. Il est celui qui facilite le processus pour permettre au groupe d'apprendre à mieux fonctionner. Cependant, il ne faut pas sur ce point, comme sur beaucoup d'autres, faire preuve de dogmatisme. Trois raisons ou situations justifient que l'animation soit assurée par un participant et non par le consultant :

– à titre d'entraînement, pour apprendre à faire; ce sera notamment le cas si on a inclus dans le séminaire une formation à la conduite de réunion;

– dans les sous-groupes : le consultant ne pouvant être présent partout, il appartient à chaque sous-groupe de s'organiser, c'est au demeurant un excellent apprentissage qu'il faut intégrer en tant que tel dans le séminaire;

– en préfiguration de l'avenir : le consultant, même s'il peut continuer dans le cadre d'une intervention de longue durée à participer aux réunions d'un groupe, n'a pas vocation à en assurer indéfiniment l'animation, sa position évoluera vers celle d'un observateur/intervenant, qui éclaire le processus quand cela est nécessaire, mais n'en assume pas la responsabilité.

Entrent également en considération sur ce point à la fois les goûts personnels du consultant et la conception qu'il se fait de sa fonction. Certains sont plus actifs, d'autres se tiennent plus en retrait.

Le responsable

Il s'agit du responsable de l'équipe, normalement le client. Sa position est double :

– à certains égards, il est un membre du séminaire comme les autres : il participe, s'intègre normalement dans les sous-groupes, ou forme un sous-groupe à lui tout seul, réagit à ce qui se dit, exprime ses avis et opinions;

– à d'autres égards, il a un statut particulier, en raison notamment :

• de l'information qu'il détient et dont il peut faire profiter les membres du groupe,

• de son pouvoir de décision.

Cette *dualité* du responsable est inhérente à sa fonction; elle est un fait à prendre en compte. Si elle n'est pas élucidée, elle risque de tourner à l'ambiguïté, ce qui est souvent une source de difficultés dans l'activité de tous les jours. Il est exceptionnel que cette question ne soit pas abordée à un moment ou un autre d'un séminaire de *team building*. C'est en règle générale un des aspects de la vie du groupe qui a besoin d'être travaillé, même si la demande n'en a pas été explicitement faite au départ. L'éclaircissement apporté au cours du séminaire retentira sur le reste de l'activité.

Cet éclaircissement porte le plus souvent sur deux points :

– de quelle information dispose le responsable, à laquelle les autres membres du groupe n'ont pas d'accès autre que par l'intermédiaire de leur chef? En quoi est-elle utile à tous? Et dans quelle mesure le responsable est-il prêt à la partager? Retenir l'information permet d'augmenter son pouvoir discrétionnaire (« si vous saviez ce que je sais et que je ne vous dirai pas... ») ; la diffuser est souvent vécue ou comme une perte, ou comme un acte de générosité, alors qu'il s'agit fondamentalement de répartir une ressource;

– à quel moment le responsable passe-t-il du statut de participant à celui de décideur? La clarification en ce domaine se fait en général en trois temps :

• avant le séminaire, consultant et décideur clarifient les niveaux de décision : ce qui est du domaine réservé du décideur (ou qui sort de sa compétence) et où il est seul à décider sur la base des informations qu'il reçoit; ce sur quoi des propositions sont attendues du groupe, le décideur se réservant le choix final, soit immédiatement, soit ultérieurement; et enfin, ce sur quoi la décision peut éventuellement revenir au groupe, le responsable étant prêt à entériner les propositions qui lui sont faites,

• au début du séminaire, le consultant (ou le responsable) indique aux membres du groupe ce qui relève de chacun des niveaux ci-dessus, de façon à éviter des frustrations ou, au contraire, des réserves indues. Ces indications ne peuvent se faire que de façon générale; trop de précisions risqueraient de bloquer la discussion. Car des problèmes nouveaux, ou des aspects originaux de problèmes connus, vont apparaître, pour lesquels il n'y a pas de règle,

• c'est donc tout au cours du séminaire qu'il sera utile de revenir sur le statut du résultat de la discussion du groupe : information, proposition, décision.

Les rapporteurs

Deux catégories de rapport sont à envisager :

– La synthèse des travaux du séminaire. Elle se fait après le séminaire, sur la base des documents élaborés au cours de celui-ci : rapports des sous-groupes, *flip charts*. Le rapporteur doit être désigné avant la fin, pour qu'il ait le temps de se préparer, mais pas trop tôt cependant, pour qu'il ait eu le temps d'entrer dans l'esprit du séminaire sans souci « administratif ». On évitera autant que faire se peut deux écueils classiques :

• la désignation unanime du plus jeune; le sort du mousse n'a rien d'enviable!

• le renvoi sur une secrétaire : « Je lui donnerai tout ça à taper. »

– Les rapports des sous-groupes de travail. C'est un travail indispensable pour le bon déroulement du séminaire, et assez difficile.

• Un bon rapport doit être : bref, clair, vivant, complet.

On alternera : les rapporteurs, afin d'éviter la monopolisation et de permettre à chacun de s'entraîner; les supports : *flip chart*, transparents ou d'autres formes plus créatives (dessin, charade, mime) ; les rapports ouverts (pas de structure *a priori*) et les rapports fermés (dont la structuration est indiquée de façon plus ou moins précise par l'animateur).

• Il peut être utile de prévoir un temps distinct permettant aux rapporteurs de faire leur travail, notamment si le rapport nécessite un effort de synthèse après un débat ouvert. En général, ce temps est prélevé par les rapporteurs sur la pause que prennent les autres membres du groupe…

Les participants

Participer est un rôle actif. Le « bon » participant :

– *en ce qui concerne la tâche à accomplir :*

• reste centré sur l'objectif,
• construit sur les idées des autres,
• prend des notes,
• transmet les informations qu'il possède,
• émet des idées, des suggestions, des propositions,
• accepte de remettre en cause ses idées, ses opinions,
• aide à faire le point régulièrement ;

– *en ce qui concerne le processus :*

• manifeste de la compréhension,
• recherche et favorise les compromis,
• réduit les tensions,
• facilite la participation des autres,
• contribue à la cohésion du groupe,
• écoute les autres, parle à bon escient,
• manifeste sa solidarité,
• encourage,
• aide à prendre conscience des progrès accomplis.

3. Les supports matériels

Les supports utilisés pour le travail du groupe ont une influence directe sur le processus et les résultats. Leur raison d'être est de matérialiser la production du groupe, de transcrire ce qui est exprimé. C'est pourquoi l'affichage des divers documents est important : il traduit concrètement la progression du groupe. Dès lors qu'elle est exposée sur un mur, l'idée n'est plus une propriété individuelle, mais un bien commun sur lequel chacun peut élaborer.

Le tableau de papier

Le tableau de papier est l'outil de base du séminaire. Il est utile d'en avoir deux pour l'ensemble du groupe et un par sous-groupe. On prévoira des marqueurs en quantité suffisante, sachant que la moitié de ceux fournis par les loueurs de salle sont à jeter dès la première utilisation !

Le tableau de papier sert à :
– noter formellement ce que les participants disent, par exemple lors d'un tour de table;
– relever de façon explicite les accords obtenus ou les décisions prises;
– illustrer un exposé.

Il existe des manuels de bonne utilisation des *paper board*. Sans entrer dans un tel détail, voici quelques conseils :
– écrire lisiblement (certains préconisent l'écriture en capitales – mais cela ralentit considérablement la prise de notes) ;
– réserver la numérotation des items aux longues listes;
– ne pas surcharger la feuille, surtout si l'on s'en sert comme support de commentaires;
– noter parfois en séquentiel, parfois en rayonnant (voir exercice 37 sur la carte mentale) ;
– utiliser des couleurs différentes (noir, bleu, vert pour écrire, rouge pour mettre un point en relief) ;
– laisser du « blanc » pour pouvoir ajouter des commentaires;
– utiliser des marqueurs qui ne traversent pas le papier pour pouvoir continuer à écrire lorsque la feuille est affichée sur un mur.

Tout ce qui est important dans le déroulement du séminaire doit en principe se retrouver sur une feuille affichée au mur. C'est en quelque sorte la mémoire active, qui facilitera la rédaction du compte rendu. L'inconvénient des *flip charts* est la difficulté d'utilisation ultérieure; ils nécessitent une transformation. Trois méthodes sont possibles :
– *La dactylographie.* C'est la méthode techniquement la plus accessible; elle ne nécessite que des moyens connus et la diffusion des documents ainsi obtenus suit des procédures bien établies. Elle présente deux inconvénients : elle prend du temps et elle est en général confiée à un tiers qui ne participait pas au séminaire. Il est à tout le moins nécessaire qu'un tri soit fait par un participant désigné à cet effet.
– *La photographie.* Un Polaroïd permet de reproduire instantanément chaque *flip chart*. Si les photos sont prises avec un bon appareil, il est même possible d'en faire des tirages papier agrandis qui seront diffusés tels quels aux participants. Il est également possible de les dactylographier, la photo servant alors à simplifier le transport (une pellicule prend moins de place que 30 grandes feuilles).
– *Le tableau-photocopieur.* Il s'agit de tableaux spéciaux qui permettent de reproduire sous forme de photocopie ce qui est écrit. Cela permet de distribuer séance tenante un document que les participants viennent d'élaborer, par exemple pour pouvoir continuer à travailler dessus en sous-groupe, ou pour servir de mémoire du groupe, éventuellement même de compte rendu.

Les Post-it

Le Post-it est un excellent moyen pour recueillir les idées des membres d'un groupe, sans passer par la phase de transcription au tableau de papier qui peut être fastidieuse. Il peut également se déplacer facilement, permettant des regroupements thématiques.

Quelques conseils pratiques :
– utiliser des Post-it de grande taille (102 x 152 ou 127 x 76) ;
– prévoir en supplément des cartons de plus grande taille et de couleurs et de formes différentes (ronds, ovales, rectangulaires...) dont on se servira pour nommer les regroupements de Post-it par thèmes;
– fournir aux participants des crayons feutre assez épais;
– écrire en majuscules d'imprimerie;
– une idée par Post-it;
– et peu de mots par idée;
– prévoir une surface permettant un affichage facile. Le plus simple est en général de tapisser un mur de *flip charts* vierges et de poser les Post-it dessus.

On utilisera l'affichage par Post-it pour recueillir de façon systématique des idées élaborées d'abord individuellement. Un processus standard se présente comme suit :
– rédaction individuelle des idées (10 minutes) ;
– affichage au fur et à mesure que chacun a fini;
– prise de connaissance par tout le groupe de toutes les propositions : soit en circulant librement devant le mur de Post-it et en discutant de façon informelle; soit en demandant à un participant de lire chaque Post-it, chacun pouvant alors poser des questions ou préciser ce qu'il a voulu dire;
– classement. Plusieurs possibilités :
• l'ensemble du groupe discute, définit les grands thèmes fédérateurs et range chaque *item* sous un thème. Les thèmes sont inscrits sur les cartons de couleur. Cette méthode très exhaustive risque d'être aussi très ennuyeuse;
• le classement est confié à un petit sous-groupe qui profite d'une pause pour ce faire. Si la compétence technique de ce sous-groupe est bien reconnue, cette méthode s'avère très efficace;
• aucun classement n'est fait. Les participants sont répartis en sous-groupes et ils sont libres de traiter les thèmes qui les intéressent dans ce qui émerge à leurs yeux du mur de Post-it. Cette démarche apparemment anarchique fonctionne très bien si les groupes ont été constitués de façon homogène, avec des critères de répartition bien adaptés à l'objectif poursuivi. Il sera en général utile, après un premier travail en commissions de ce type, de procéder à un regroupement des thèmes non traités et éventuellement à une deuxième série de travaux en sous-groupes.

Les transparents

Les transparents sont un support d'exposé très répandu – si répandu qu'ils en deviennent parfois un fléau ! Leur usage dans un séminaire de *team building* répond à des critères précis et très limitatifs.

Règles d'élaboration

• limiter le texte à 3 messages maximum ;
• utiliser de gros caractères (helvétique ou bookman gras si les transparents sont imprimés, majuscules s'ils sont écrits à la main) ;
• utiliser des représentations, des symboles, des graphiques, etc.

Usages

Transparents préparés à l'avance comme support d'exposé

Dans un séminaire de *team building*, on limitera très fortement l'usage des transparents de type exposé magistral. Ils n'ont leur place que pour fournir, par exemple, des informations nécessaires au travail du groupe. Et même, en ce cas, on évitera tout débordement. Ce type de présentation induit en effet quasi inéluctablement un rapport du type « celui qui expose sait – les autres se taisent » qui n'a rien à faire dans un séminaire de *team building*.

Transparents élaborés sur-le-champ comme support de compte rendu de groupes

Les transparents sont un support de maniement facile pour permettre à un groupe de présenter son compte rendu. Leur inconvénient est de ne pouvoir s'afficher pour garder la mémoire du travail d'un groupe. Il faut presque nécessairement passer par une photocopie diffusée aux membres.

La vidéo

La vidéo est particulièrement utile dans le contexte de la formation, pour l'apprentissage d'un comportement. Elle se justifie moins à nos yeux dans un séminaire de *team building* où c'est le processus du groupe, dans son déroulement naturel, qui est le matériau même du travail. On la réservera éventuellement à des séquences bien spécifiques – s'il y a lieu de travailler une technique précise (animation de réunion, conduite d'entretien).

II
PRINCIPAUX THÈMES DU *TEAM BUILDING*

Le cadre et les supports ainsi mis en place, il reste à traiter le sujet même, c'est-à-dire le *team building* dans ses différentes dimensions. Nous traiterons ainsi :
– le groupe dans sa globalité :
• les modèles de fonctionnement (exposé 6),
• l'évolution du groupe (exposé 7) ;
– les processus liés à la maintenance du groupe :
• les valeurs (exposé 8),
• la communication (exposé 9),
• le *leadership* (exposé 10) ;
– les processus liés à l'accomplissement de la tâche (exposé 11) :
• la fixation des objectifs,
• la répartition des tâches,
• la résolution de problèmes,
• la conduite de réunion.

Le traitement de chacun de ces thèmes au cours de l'intervention a deux origines possibles :
– l'intention délibérée de les aborder, en fonction notamment de la demande du client et du diagnostic qui a été fait; en ce cas, les exercices qui sont proposés dans la partie « Applications pratiques » peuvent servir de support, ou de point de départ, au travail du groupe;
– l'apparition spontanée d'un phénomène de groupe, se produisant naturellement dans le déroulement même de la vie du groupe, il appartient alors au consultant de saisir l'opportunité qui se présente.

Ces deux approches sont parfaitement complémentaires; dans les deux cas, le but est d'aider le groupe à élucider son fonctionnement et à trouver des solutions pour l'améliorer. Les exposés théoriques qui suivent donnent différents cadres de référence pour ce faire.

Première précision

Il eût été tout à fait concevable de rédiger un « traité » de *team building*, en prenant systématiquement dans l'ordre les points qu'il convient d'aborder, suivant pour cela, par exemple, un des modèles de fonctionnement du groupe qui sont présentés dans l'exposé 6. Mais il nous semble que les besoins d'un groupe ne sont pas systématiquement les mêmes ; c'est l'objet du diagnostic que de déterminer ces besoins ; c'est l'art du consultant et la responsabilité du *leader* de l'équipe que de choisir la manière dont ils vont répondre à ces besoins. En conséquence, nous présentons différentes démarches et outils, laissant à chacun le soin de choisir les mieux adaptés. Un plan type de séminaire est présenté à titre d'exemple en milieu de cet ouvrage.

Deuxième précision

Les exposés ne cherchent pas à présenter de façon systématique les vues d'un auteur, bien plus riches que le résumé qui en est fait. Ils en extraient des concepts simples, et nous l'espérons non simplistes, destinés à aider le groupe à mieux comprendre ce qui se passe. Le lecteur intéressé par la théorie à laquelle il est fait appel est invité à l'approfondir au moyen des références bibliographiques.

Troisième précision

Nous empruntons ces concepts opératoires à différentes théories. Rien n'empêche le consultant ou le responsable du groupe, bien au contraire, d'utiliser comme trame de fond du séminaire une démarche unique. On peut ainsi construire un séminaire de *team building* en s'appuyant essentiellement sur l'analyse transactionnelle ou l'approche typologique. Nous renvoyons pour cela aux ouvrages spécialisés de la même collection. Cependant, même dans cette hypothèse, il sera souvent nécessaire de faire appel à d'autres angles de vision. Aucune approche, aussi bonne soit-elle, ne peut prétendre rendre compte de tous les aspects de la réalité. L'art du consultant consiste justement à présenter au bon moment le renvoi d'image, le modèle explicatif, qui va provoquer une prise de conscience active.

Dernière précision

Cette palette d'approches et de concepts n'est pas exhaustive. Elle est établie à partir d'un critère entièrement subjectif : nous ne présentons que les démarches que nous avons expérimentées avec succès à plusieurs reprises. Cela ne préjuge en rien de la qualité d'autres approches, que nous ne connaissons pas ou n'avons pas su utiliser. À chacun d'élargir le « répertoire » proposé ici.

Modèles du groupe

exposé 6

1. Le rapport processus/contenu

Origine et principe

La distinction processus/contenu est une distinction majeure pour permettre aux participants de bien différencier :
– la tâche à accomplir (le « quoi ») ;
– des méthodes mises en œuvre pour y parvenir (le « comment »).

Le *team building* est fondamentalement une action sur le processus.

Description

La tâche est ce que le groupe doit produire en temps normal. Ce sont ses objectifs, souvent quantifiables. Ils dépendent de son activité : gestion pour une équipe de direction, ventes pour une équipe commerciale, conduite d'un projet pour une équipe créée pour une action déterminée, etc. Dans une réunion, les points de l'ordre du jour sont le contenu.

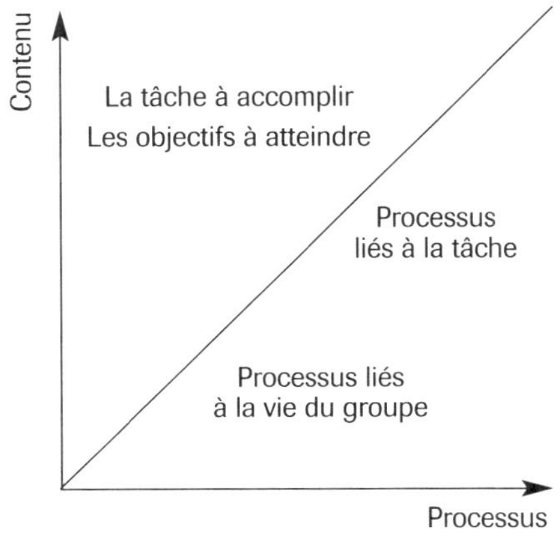

Le processus est la manière dont le groupe s'y prend pour réaliser sa tâche. On peut, en suivant Warner Burke, distinguer deux types de processus :

– les processus liés directement à la réalisation de la tâche. Ce sont notamment :
- l'organisation du groupe, la manière dont il se répartit en sous-groupes, les tâches confiées à chacun,
- l'animation du travail, qu'elle soit assumée par un consultant extérieur, un membre du groupe ou éventuellement – ce qui n'est en général pas la meilleure solution – par le responsable de l'équipe,
- la prise de décision : voir dans l'exposé 5 la fonction du responsable,
- la résolution de problèmes et les méthodes qui lui sont associées. Cf. exposé 11 ;

– les processus liés à la vie du groupe, qui concernent essentiellement les relations interpersonnelles. On peut y inclure, en s'appuyant notamment sur les travaux de Douglas McGregor :
- la clarté sur les objectifs et l'implication personnelle pour les réaliser,
- la fluidité de la communication et l'ouverture optimale en fonction de la tâche à accomplir,
- l'esprit d'équipe, la solidarité entre les membres,
- la confiance mutuelle,
- l'acceptation des différences,
- l'utilisation des complémentarités et des aptitudes variées des membres du groupe.

Ces distinctions, notamment entre processus liés à la tâche et processus de maintenance, ne doivent pas être prises de façon trop rigide. Le *leadership* par exemple, peut être classé dans l'une ou l'autre catégorie selon qu'on en voit plutôt l'aspect formel ou l'aspect animation, dynamisation, que nous avons retenu ici.

Utilisation

Un groupe opérationnel est essentiellement concentré sur la tâche à accomplir. Il lui est souvent assez difficile de prendre le recul suffisant pour examiner son mode de fonctionnement. Franchir cette étape est essentiel ; cette distinction l'y aide. Elle peut d'ailleurs être utilisée à différents moments de la vie du groupe.

2. Le modèle des « six boîtes »

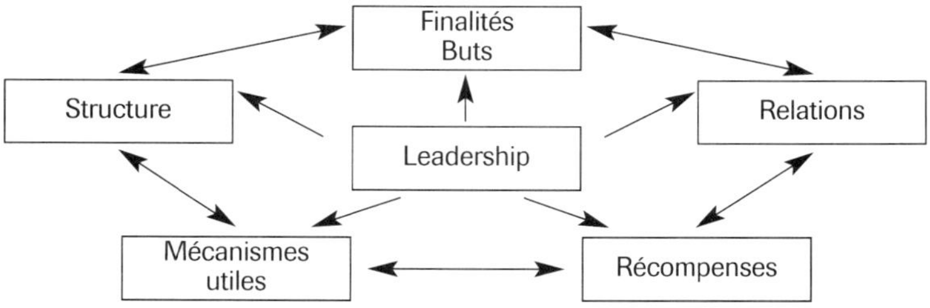

Principe

Marvin Weisbord, un consultant en développement d'organisation, a proposé un modèle simple pour poser des questions pertinentes sur le fonctionnement d'un groupe ou d'une organisation.

Deux règles de base :
– toute organisation, tout groupe sont situés dans un environnement avec lequel ils sont en *interaction*;
– pour chaque boîte, il convient de se poser la question de l'écart possible entre les caractéristiques formelles telles qu'elles sont exprimées par le groupe et les caractéristiques informelles, telles qu'elles sont vécues par les membres.

Description

Questions principales à se poser pour chacune des 6 boîtes :

Finalités/Buts

– Les membres du groupe perçoivent-ils clairement les objectifs poursuivis?
– Les membres du groupe sont-ils d'accord sur les objectifs?

Structure

Y a-t-il adéquation entre les buts du groupe et sa structure, la répartition des tâches?

Relations

– Quelles sont les relations entre les membres du groupe?
– Quelles sont les relations entre le groupe et d'autres groupes avec lesquels il est amené à travailler?
– Comment les membres du groupe se situent-ils par rapport aux technologies qu'ils sont amenés à utiliser?

Récompenses

Y a-t-il adéquation entre le système de récompense (augmentation, promotion, primes, etc.) tel qu'il est annoncé et le vécu des membres du groupe?

Mécanismes utiles

Parmi les mécanismes tels que : planification du travail, compte rendu d'activités, procédures budgétaires, circulation de l'information, etc.
– qu'est-ce qui est utile et fait progresser le travail?
– qu'est-ce qui est devenu paperasserie et empêche le groupe de bien fonctionner?

Leadership

Le rôle du leader est de maintenir l'équilibre entre les différentes boîtes. Quatre tâches nécessitent plus particulièrement sa vigilance :
– la définition des finalités et des buts;
– leur transcription dans des plans opérationnels;

– la continuité de l'existence du groupe ;
– la gestion des divergences et conflits internes.

Utilisation

Le modèle de Marvin Weisbord est simple et pratique. Il correspond bien à l'expérience concrète de la vie des groupes, sans en faire une synthèse ordonnée en fonction d'un principe logique. Il peut facilement être utilisé tel quel comme cadre d'un diagnostic de fonctionnement.

3. La théorie des cohérences

Principe

La théorie des cohérences a été développée par Roger Nifle. Elle propose un cadre global de l'action humaine, qui peut être décliné à différents niveaux et adapté à chaque cas particulier. La vision est dynamique car fondée sur l'action. Elle se présente sous la forme graphique du « cohérenciel ».

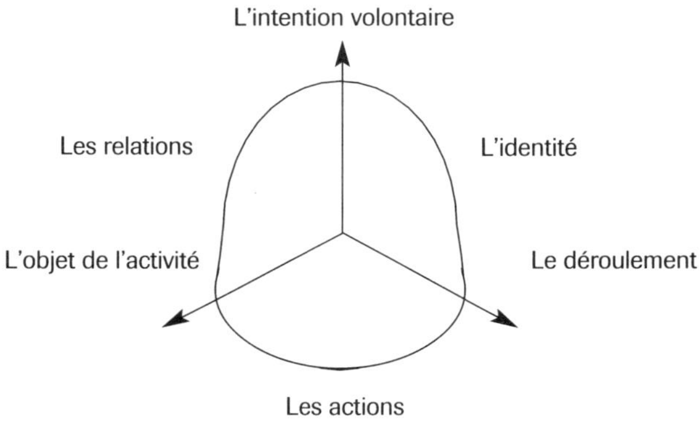

L'image explicative donnée par Roger Nifle est celle du tir à l'arc.

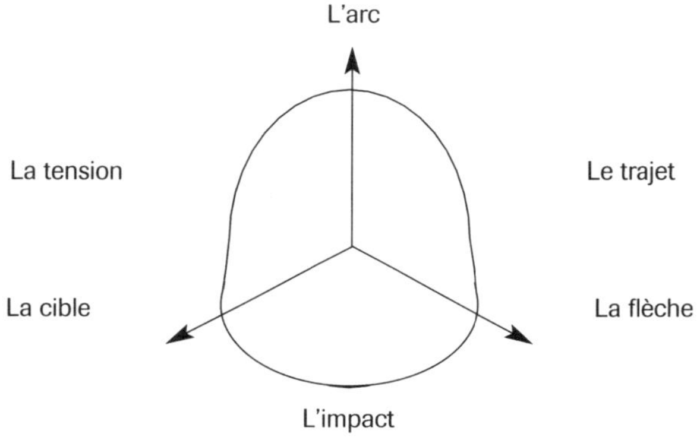

Trois axes correspondent aux trois dimensions structurantes :
- l'arc tenu par le tireur : c'est là que réside l'intention du système ;
- la cible : l'objectif concret que se propose le tireur pour réaliser son intention ;
- la flèche : le vecteur même de l'action.

Ces trois axes déterminent trois plans, qui les relient et entraînent l'action :
- la mise en tension de l'arc vers la cible, la relation ;
- le parcours de la flèche lorsqu'elle quitte l'arc, sa trajectoire,
- l'impact de la flèche dans la cible, la réalisation.

Description du modèle pour la vie du groupe

L'intention volontaire

Point de groupe efficace sans une volonté commune de faire, sans une envie partagée de réussir. Cela va au-delà des objectifs immédiats et a trait aux valeurs du groupe, que nous retrouverons plus loin. C'est le ciment du groupe, ce pour quoi fondamentalement ses membres se retrouvent.

Deux questions se posent au niveau de l'intention :
- *Sa clarté.* Si la finalité est floue, mal définie, mal communiquée, la vitalité du groupe décroîtra en conséquence ; comment se motiver quand il n'y a rien à quoi adhérer ? Si la finalité est ambiguë, s'il y a un écart entre ce qui se dit et ce qui se fait, l'incertitude régnera ; en tout état de cause, les membres d'un groupe sont plus sensibles à la réalité de ce qui se fait qu'aux bonnes intentions énoncées. Cet écart entre la théorie et la pratique n'est pas nécessairement le fait d'une manipulation délibérée ; le décalage peut avoir de multiples sources, que ce soit un objectif irréaliste qu'il aurait mieux valu ne pas poser, ou une pratique déficiente, qu'il faudrait améliorer. On veillera donc à la plus grande clarté et la plus grande cohérence possibles entre l'intention et sa mise en pratique. Cela ne signifie pas rigidité ; il ne s'agit pas d'énoncer une intention une fois pour toutes et de s'y cramponner *ne varietur.* Mais cela signifie que l'intention doit être régulièrement discutée au vu de la pratique, et la pratique continuellement mise dans la lumière de l'intention.
- *Son porteur* : qui définit l'intention, qui en est le support, en quelque sorte le gardien ? À ce niveau, l'intention est personnelle, c'est-à-dire qu'elle n'existe pas en dehors des sujets ; le groupe n'est pas un organisme ayant une volonté autonome, par lui-même. L'intention peut être portée par un membre du groupe, ou plusieurs, ou même par tout le groupe ; elle peut être aussi portée pour une part variable par une personne ou un groupe de personnes extérieures au contraire. Mais dans ce cas, il faut une adhésion du groupe à cette finalité venue de l'extérieur ; sans quoi le groupe ne serait plus qu'un agent d'exécution, sans motivation intérieure.

L'objet de l'activité

L'objet est l'application de l'intention sur une réalité, sans quoi celle-là ne serait qu'une velléité. Pour reprendre une distinction posée précédemment, l'objet correspond à la tâche du groupe.

Vis-à-vis de ces objets, un résultat est escompté : ce sont les objectifs, ce que le groupe doit obtenir, ce vers quoi il tend. Les objectifs sont seconds par rapport à l'intention (ou finalité) ; la finalité peut demeurer même si les objectifs changent. Mais une finalité sans objectif est un vœu pieux.

Les objectifs doivent refléter la finalité du groupe ; s'ils sont trop éclatés, mal précisés, l'intention se dilue, les membres se dispersent et la cohésion disparaît. En revanche, un groupe qui n'aurait qu'un objectif, qui serait de ce fait identifié à la finalité, risquerait de manquer singulièrement de souplesse et d'adaptation à son environnement. Ce n'est pas la multiplicité des objectifs qui est en cause, mais leur cohérence.

Le déroulement de l'activité

L'application de l'intention aux objets se déploie dans le temps et dans l'espace. Ce n'est pas un acte de la pensée, mais un parcours, un développement. Il s'agit de stratégie, au sens de conduire l'action.

Un des facteurs principaux du maintien du dynamisme du groupe va être la quantité d'informations qui lui est nécessaire pour piloter son action. Un groupe, comme la plupart des systèmes, a une tendance à l'entropie, c'est-à-dire à une déperdition de l'énergie, à une certaine sclérose. Pour lutter contre cette tendance naturelle, il faut lui apporter le contraire de l'entropie – de la néguentropie. Celle-ci se manifeste le mieux sous forme d'informations qui vont obliger le groupe à s'adapter, se transformer, évoluer, modifier sa conduite, ses procédures, tout en gardant le cap sur l'objectif.

Plus que l'image de l'arc, c'est celle du bateau qui ici s'impose. Le barreur est le porteur de l'intention ; le port est son objectif. Mais il avancera en tirant des bordées en fonction du vent. Ou encore le montagnard qui marche vers le sommet ; sa voie va en lacets mais le rapproche du but.

Le champ des relations

Le partage de l'intention entre les membres du groupe est le ressort de son action. S'il n'y a pas communication entre les membres du groupe autour d'une volonté commune, l'action sera moins efficace. On peut même poser comme règle que plus les objectifs seront variés, plus les relations doivent être riches. La multiplicité des objets demande une plus grande richesse de la communication. Deux maçons bâtissant un mur d'enceinte n'ont pas besoin de beaucoup communiquer, dès lors qu'ils connaissent le tracé, la hauteur et l'épaisseur du mur. Mais la construction d'une tour requiert des échanges constants entre les différents corps de métier.

Les groupes complexes – et *a fortiori* les organisations – ont le choix entre deux stratégies pour garder leur cohérence :
– celle du crustacé, qui doit compenser son manque de rigueur intérieur par une rigidité externe ;
– celle du mammifère, dont la forte armature interne permet la polyvalence et la flexibilité externe.

Adopter la stratégie, nettement plus efficace, du mammifère demande que la cohérence intérieure du groupe soit forte. Cela passe par un échange important d'informations. La « réunionite » est une maladie dont les groupes sont souvent accusés. Mais la réunion en soi est une bonne chose, un élément indispensable de la vie du groupe. C'est sa mauvaise gestion qui peut être en cause – non son existence.

L'échange des membres du groupe autour de l'intention variera selon le porteur de celle-ci. Dans l'absolu, il est bon que tous les membres du groupe soient porteurs de l'intention ; mais chacun le sera à des degrés divers, en fonction de son rôle et de ses aptitudes. Le responsable est normalement l'animateur, celui qui a la charge de donner une âme à l'équipe, de la faire vivre.

L'identité

Le groupe qui partage une intention et l'applique à des objets se forge, par là même, une identité. Elle est à la fois un élément constitutif du groupe et la manière dont il est perçu à l'extérieur.

L'identité se traduit par des concepts, des signes, des modèles, des images, des représentations. Elle est le reflet de l'activité du groupe, de son niveau de communication, et elle les influence.

Les actions

Les actions sont le résultat, ce qui est fait, obtenu, produit. Bien souvent, c'est sous ce seul aspect que le groupe est abordé. En fait, elles n'existent qu'en conséquence des autres éléments.

Cette approche permet de bien positionner la question de la qualité. Il n'y a qualité du produit que proportionnellement à la qualité du processus qui lui donne naissance. Contrôler la qualité en phase finale a peu de sens et d'efficacité ; c'est la définition et le partage de l'intention qui sont les sources premières de la qualité finale.

Utilisation

Le modèle développé par Roger Nifle est très riche dans ses applications. Il permet de poser en termes rigoureux le « pourquoi » de l'activité du groupe et d'en envisager les différents aspects de façon cohérente.

Il peut être également décliné, comme un système de poupées russes, pour chacun des aspects de la vie du groupe. On peut ainsi établir le *« cohérenciel »* spécifique de l'animation du groupe, ou le « cohérenciel » de la communication, ou de l'innovation. À chaque fois, on examinera les trois axes fondamentaux de l'intention, des objets d'attention, de l'extension dans l'espace et le temps et les trois plans ainsi définis, la relation, la conception et la réalisation.

4. Groupe de travail et inconscient de groupe

Principe

Le modèle proposé par Wilfred Bion, fondé sur son expérience de réadaptation des prisonniers de guerre après 1945, introduit le *niveau inconscient* dans le fonctionnement du groupe. À ce plan, les membres du groupe agissent selon des « présupposés de base » qui expliquent nombre de leurs comportements.

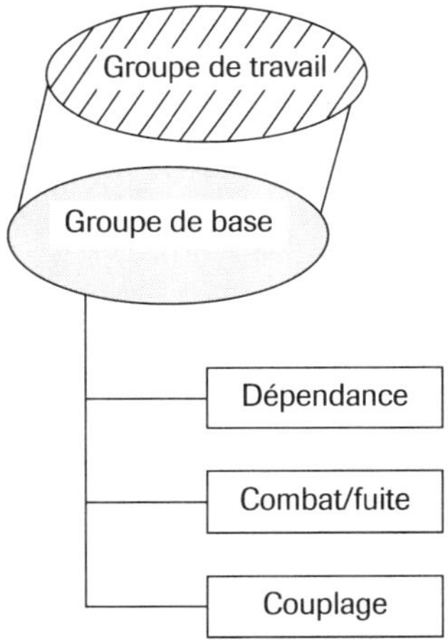

Description

Premier énoncé : les deux niveaux de fonctionnement du groupe

Dans tout groupe, deux niveaux sont à l'œuvre au point qu'on peut parler de deux groupes :
– le groupe de travail, rationnel, orienté vers la production de la tâche, tant dans son processus que dans son contenu ;
– le groupe de base, affectif, inconscient, concerné par la circulation des émotions entre les membres du groupe.

Quelques éléments de comparaison entre les deux groupes :

GROUPE DE TRAVAIL	GROUPE DE BASE
Rationnel	Irrationnel
Logique	Affectif
Processus psychiques secondaires (conscients, reliés au principe de réalité) : perception mémoire jugement raisonnement	Processus psychiques primaires (inconscients, reliés au principe de plaisir) : identification idéalisation déplacement condensation
La forme et le contenu du groupe sont : manifestes conscients acceptés identifiés sous forme de procédures, d'organigrammes	La forme et le contenu du groupe sont : fantasmatiques inconscients niés non identifiés

La distinction posée par W. Bion ne recouvre pas celle du contenu et du processus. Tant dans le groupe de travail que dans le groupe de base on retrouve des processus et des contenus. Elle ne se réduit pas davantage à l'aspect rationnel/irrationnel, qui en est un élément caractéristique mais non le seul. Il y a bien deux groupes en interaction, avec leurs « lois » et leur mode de fonctionnement propre. Comme l'écrit Didier Anzieu : « La coopération consciente des membres du groupe, nécessaire à la réussite de leurs entreprises, requiert entre eux une circulation émotionnelle et fantasmatique inconsciente. Celle-là est tantôt paralysée, tantôt stimulée par celle-ci. »

Deuxième énoncé : les présupposés de base

À force d'observations, W. Bion constate que les groupes de base fonctionnent sur trois présupposés principaux. Ce sont des états affectifs, en fonction desquels les membres du groupe se combinent de façon instantanée et involontaire. Ces présupposés déterminent de façon totalement inconsciente la vision que les membres vont avoir du groupe, de ce qui est possible et de ce qui ne l'est pas, de ce qui peut se faire et de ce qui ne se peut pas ; ils agiront en conformité avec leurs présupposés, se sentant en harmonie avec ceux qui partagent les mêmes présupposés, et en désaccord avec ceux qui opèrent à partir d'un autre présupposé de base.

Les présupposés de base selon W. Bion sont au nombre de trois.

La dépendance

Un groupe qui fonctionne sur ce présupposé dépend de son *leader* dont il attend qu'il subvienne à ses besoins. On se trouve dans une situation assez proche de la relation parents/enfants telle que la décrit l'analyse transactionnelle (voir exposé 9) :

– d'un côté, un chef investi de la toute-puissance qui sait ce qu'il convient de faire, qui satisfait les besoins et les désirs des membres du groupe, qui gère les conflits et à qui on peut s'adresser en cas de difficultés, tel le père de famille ;

– de l'autre, des membres du groupe qui n'ont pas de cohésion entre eux mais dont les relations sont médiatisées par le chef, qui se comportent comme de jeunes enfants dépendants, attendant de leurs parents ordres et sécurité.

Il est important de noter que le chef autant que les membres œuvrent ensemble à partir du même présupposé de base, qu'il y a consensus pour fonctionner ainsi. On entend souvent des « chefs » se plaindre du manque de responsabilité de leurs collaborateurs, de leur manque d'autonomie : « Il faut tout leur dire », « Si je ne suis pas là, il ne se passe rien ». Ou de façon plus cachée : « Je refuse de trancher pour mettre les gens en face de leurs responsabilités », « Mon souci est de les faire grandir ». Au niveau conscient, votre interlocuteur vous fournira mille exemples pour prouver la justesse de ses dires et montrer qu'il n'est pas responsable, lui, de cette situation, qu'il ne demande qu'à changer ; au niveau inconscient, il est plus que probable qu'il s'en satisfait fort bien. Il est investi de toute-puissance et il peut faire semblant de n'y être pour rien. Dictateur et victime à la fois, que demander de plus !

Non qu'il n'y ait des cas bien réels d'irresponsabilité de la part de membres du groupe. Et tous les responsables ne souhaitent pas créer la dépendance – au moins au niveau conscient. Mais lorsqu'on prend conscience d'une telle situation, il importe d'en voir tous les aspects : la cause est rarement unique et les torts unilatéraux.

L'attitude de combat/fuite (fight/fight)

Ces deux attitudes opposées ont une même source : une menace que le groupe doit confronter et à laquelle il craint de ne pouvoir survivre. Cette menace peut être interne : le chef ne veut plus jouer son rôle de guide tout-puissant ; ou de fortes tensions se manifestent entre les membres. Elle peut être aussi externe : un groupe concurrent menace l'existence du groupe.

La menace commune va créer un réflexe de solidarité, à la différence du présupposé de base dépendance, où chacun a tendance à chercher à se faire bien voir du chef sans s'occuper des autres. Ce réflexe joue dans deux sens :

– *L'évitement* : c'est le cas typique de ces réunions ennuyeuses où l'on parle de tout sauf du vrai sujet, quitte à traiter celui-ci ailleurs, entre initiés. La discussion traîne, chacun gribouille sur son bloc. On se sépare sans décision quand un délai raisonnable s'est écoulé ; d'ailleurs, il est toujours possible de parler longtemps sur des sujets sans importance.

– *Le combat* : le groupe fait front commun contre un ennemi, réel ou créé pour la circonstance. Affronter le véritable ennemi serait trop coûteux; le bouc émissaire est bien pratique pour cimenter le groupe sans qu'il ait besoin de s'examiner en profondeur. Peuvent être ainsi utilisés :

• *Le chef lui-même*, à qui on reprochera son incompétence, son autoritarisme, sa mollesse, son goût de la dictature, son incapacité à prendre des décisions. Plus la dépendance aura été forte, plus les réactions de contre-dépendance et d'agressivité risquent de l'être. À la limite, la situation se détériore au point qu'il est nécessaire de changer le responsable d'équipe.

• *Le consultant*, qui peut s'attendre à ce qu'à un moment ou à un autre le groupe se solidarise contre lui. Les évaluations à chaud de fin de séminaire peuvent être des moments redoutables, surtout si le groupe a été jusque-là peu actif. Elles seront alors d'autant plus difficiles à analyser avec les participants que le temps manquera par définition.

• *Un membre du groupe*, qui devient le « malade désigné ». Il est présenté comme le problème du groupe, alors qu'il n'en est souvent que le signe. Cette situation, bien analysée dans le contexte familial où l'on parle de « l'enfant symptôme », se retrouve dans le contexte professionnel : un membre est identifié comme le « cas », celui qui fait constamment des erreurs, ou plus précisément celui qui est la cause des erreurs du groupe. S'il n'était pas là, le groupe ne ferait plus de fautes. C'est d'ailleurs pourquoi on conserve le bouc émissaire : que se passerait-il si les erreurs continuaient après son départ? Mieux vaut ne pas avoir à se poser une telle question. L'attitude envers le bouc émissaire est en conséquence ambivalente. On l'accable de tous les maux, mais en même temps on « l'aime bien », on le protège.

• *Un extérieur*. C'est le bouc émissaire commode, celui que le chef va dénoncer pour tourner les énergies négatives du groupe de l'intérieur vers l'extérieur. Le thème de la guerre économique que l'on retrouve fréquemment dans la littérature managériale remplit cette fonction. Non qu'il n'y ait concurrence, et souvent redoutable. Mais là encore il y a consensus : tout en déplorant la rudesse des mœurs, on s'empresse d'en rejeter la faute sur les autres, ce qui dispense d'affronter les peurs du groupe. Les Juifs sont des habitués de ce rôle; certains chefs d'entreprise et consultants le font tenir actuellement aux Japonais, et autres « dragons » asiatiques.

Là encore, les explications rationnelles ne manqueront pas pour justifier l'attitude du groupe. Le « membre symptôme » fait très réellement des erreurs; la concurrence japonaise est très réellement difficile à confronter; le chef peut être vraiment incompétent. Mais ces réalités objectives, clairement énoncées dans le groupe de travail, ont une autre utilisation et une autre signification au niveau du groupe de base. Elles sont alors le prétexte à travers lequel se manifestent les fantasmes du groupe.

Le couplage

Des sous-groupes se forment à l'intérieur du groupe, des alliances se nouent. Elles se manifestent assez souvent au début sous forme de clivage : hommes/femmes, administratifs/commerciaux par exemple. Elles évoluent ensuite vers des formes aux critères d'attraction moins apparents.

Le couplage a pour première fonction de se sentir moins seul; on cherche un appui, une compagnie. Le début d'une réunion est à cet égard très caractéristique : à côté de qui s'asseoir, à qui réserver une place, dans l'axe de vision de qui se trouver, sont des questions prioritaires même si elles ne sont (presque) jamais formulées.

Mais pour W. Bion, le présupposé de couplage va plus loin. Il a pour modèle le couple parental et son objectif inconscient est de donner naissance à un nouveau *leader*. Le couple à l'intérieur du groupe est donc menaçant, pour la cohésion d'ensemble et encore plus pour le *leader*.

À titre d'illustration, il n'est que de noter les réactions agressives suscitées par deux membres d'un groupe qui, au cours d'une réunion font des apartés. Certes, leurs échanges peuvent être une gêne sonore; mais la violence des commentaires, notamment de la part de l'animateur, dépasse souvent de loin la nuisance objective. C'est que la formation du couple met en cause le fonctionnement du groupe autour de son chef.

Troisième énoncé : la valence

C'est la tendance de certains membres du groupe à adopter plus facilement que d'autres un présupposé de base, à entrer en résonance avec lui et, par conséquent, avec les autres personnes qui partagent ce présupposé.

La valence peut être comparée à la coopération. Mais celle-ci est un effort délibéré, conscient, effectué dans le groupe de tâche alors que celle-là est un processus inconscient effectué dans le groupe de base.

Utilisation

Le modèle de W. Bion est certainement un des plus pertinents qui soit. Il a notamment été utilisé en Grande-Bretagne par le Tavistock Institute et développé en France par Didier Anzieu et ses successeurs, à travers l'animation de nombreux groupes. Son utilisation nécessite deux conditions principales :

Une certaine connaissance des mécanismes de l'inconscient

W. Bion était un psychothérapeute et les travaux ultérieurs ont été conduits pour l'essentiel par des psychanalystes spécialisés dans la vie des groupes. Certes, point n'est besoin d'être soi-même psychanalyste pour utiliser le modèle; mais il faut en comprendre les résonances profondes.

Une grande prudence dans l'application

Il est très facile avec ce modèle de devenir interprétatif, c'est-à-dire d'expliquer de l'extérieur ce que l'on croit être l'origine du comportement des membres du groupe. La psychanalyse sauvage a des effets désastreux. Ce que le consultant pense du groupe a finalement peu d'importance ; ce qui compte, c'est la prise de conscience opérée par le groupe et le résultat qu'il en tire.

Sous réserve de respecter ces deux contraintes majeures, le consultant aura tout intérêt pour lui-même à tester les hypothèses de Bion pour comprendre les réactions du groupe avec lequel il travaille ; et quand faire se peut, il pourra partager son questionnement avec le groupe.

En résumé, les modèles que nous venons de voir peuvent servir :
– à élucider le fonctionnement du groupe à un moment donné, lorsqu'une situation se présente et qu'il est nécessaire de la mettre dans un cadre de référence pour la comprendre ;
– à élaborer des questionnements permettant aux membres d'un groupe de faire le diagnostic de leur fonctionnement, et surtout de définir ce qu'ils souhaitent.

Chaque modèle peut alors donner naissance à des exercices, dont on trouvera des exemples dans les exercices 19 à 22. Il appartiendra au consultant de choisir le type de questionnement qui lui paraît le mieux adapté à la nature du groupe et aux problèmes que le diagnostic préalable aura permis de déceler.

Évolution et changement

exposé 7

1. Le groupe en développement

Principe

Ce modèle a été développé par Jean-Paul Sartre, dans la *Critique de la raison dialectique.* Sartre n'est pas un auteur classique du management, pour employer une litote ; mais sa description de l'évolution naturelle d'un groupe est très éclairante.

Il s'écarte à la fois du modèle mécaniciste, le groupe comme machine, et du modèle organiciste, le groupe comme organisme, pour définir le groupe à partir de son projet, de la pratique réfléchie ou *praxis* qui lui fait surmonter l'inertie.

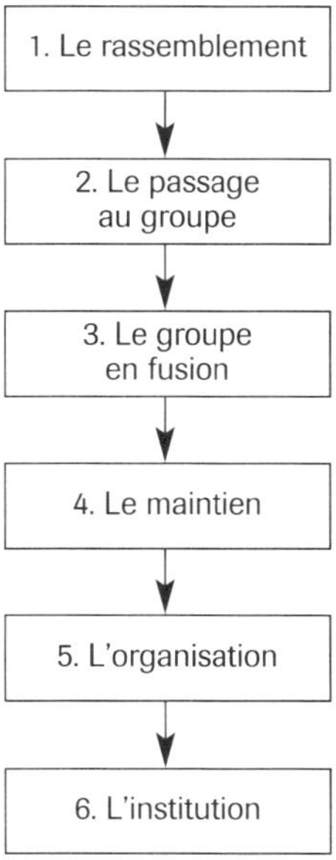

Description

Sartre distingue 6 étapes dans l'évolution d'un groupe.

1. Le rassemblement

Il s'agit d'un regroupement d'individus qui ont le même but en commun, mais qui n'ont pas à proprement parler un intérêt commun. La file d'attente à l'arrêt de l'autobus en est un bon exemple : chacun a bien le même but que son voisin, prendre le bus pour se déplacer, mais il n'y a aucune interaction. Il s'agit d'une masse anonyme, composée de numéros; une série de personnes, pas encore un vrai groupe.

2. Le passage au groupe

Trois conditions sont nécessaires :

– l'intérêt en commun devient un intérêt commun : les individus partagent l'objectif, le but;

– les communications, indirectes au stade du rassemblement, deviennent directes : on échange, les relations interpersonnelles naissent;

– un groupe ou une force antagonistes viennent conforter le groupe dans son originalité et le forcent à se constituer.

Une expérience vécue sur le thème du bus évoqué par Sartre. Un jour de semaine à midi, sur une ligne de bus vers la banlieue; le chauffeur se trompe d'itinéraire (= force antagoniste). Les passagers, jusqu'alors plongés dans leurs lectures ou leurs pensées relèvent la tête, s'interrogent du regard. Aucun mot n'est encore prononcé. Très rapidement, le bus se trouve coincé dans un lacis de ruelles; le chauffeur se retourne et avoue que, novice sur la ligne, il est perdu. En quelques instants, tout le monde se met à parler (= communications directes). L'un des voyageurs descend pour aider le chauffeur à manœuvrer (= but commun). Le bus reparti, les conversations continuent; à chaque arrêt, les passagers saluent avec une certaine effusion, comme de vieilles connaissances, ceux qui descendent.

3. Le groupe en fusion

C'est le stade du groupe naissant, chaleureux (les passagers de notre bus se mettent à parler entre eux). Il est marqué par trois expériences :

– la solidarité entre les membres;

– l'appartenance à une réalité nouvelle;

– la régulation des membres les uns par rapport aux autres.

Sartre parle ici de « raison constituante » et compare les trois expériences fondatrices du groupe avec la devise révolutionnaire : *liberté, égalité, fraternité.*

4. Le maintien du groupe

La raison constituante fait place à la raison constituée ; le groupe oscille entre deux tendances :

– le pouvoir créateur, la dynamique qui lui ont donné naissance ;

– l'inertie du rassemblement qui fut son premier stade.

Pour survivre et poursuivre son développement, le groupe peut suivre deux grandes stratégies, qui ne sont d'ailleurs pas incompatibles :

– la chasse au traître : réel ou supposé, le traître sert de bouc émissaire contre lequel se ligue le reste du groupe. Le groupe n'est pas mauvais, c'est un de ses membres qui l'est (cf. exposé 6 – Les présupposés de base) ;

– l'édiction de règles et de normes : on passe alors normalement à l'étape suivante.

5. L'organisation

Le groupe s'organise :

– il se dote d'une structure ;

– il définit des tâches, articulées aux objectifs généraux ;

– il répartit ces tâches entre les membres.

À ce stade, dit Sartre, la praxis du groupe est d'effectuer sans cesse sa propre *réorganisation*. En termes sartriens, que voilà un bel axiome de management !

6. Le groupe institution

L'organisation se fige, la bureaucratisation apparaît. Ce stade risque d'être celui de la dégénérescence si la dynamique n'est pas relancée, sous la pression de contraintes extérieures ou par volonté endogène de réorganisation.

Utilisation

Le modèle de Sartre, rarement utilisé en management, nous paraît très évocateur de la vie des groupes. On en voit des applications directes, en particulier dans les groupes de projets :

– développement d'un but commun ;

– solidarité des membres qui s'autorégulent ;

– capacité d'initiative et de création ;

– opposition au reste de l'organisation qui n'a pas le même mode de fonctionnement ;

– conflits internes particulièrement marqués si quelqu'un fait défaut au groupe ;

– tension constante entre la souplesse d'adaptation et la nécessité d'une certaine organisation.

2. La dynamique du groupe

Marges de manœuvre

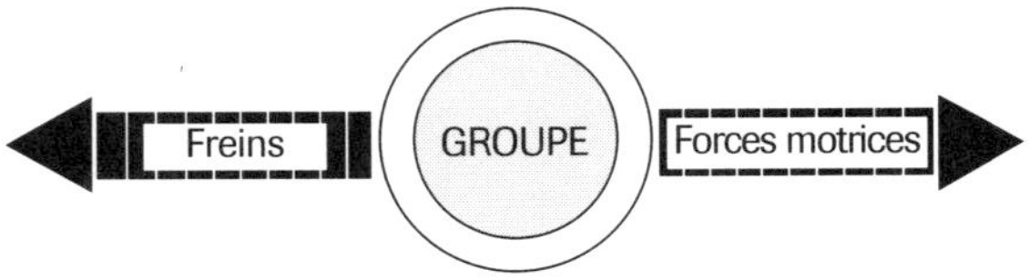

Principe

L'expression « dynamique de groupe » a fait florès depuis son invention par Kurt Lewin dans les années trente. C'est un des apports à la connaissance du fonctionnement des groupes de celui que beaucoup considèrent comme le fondateur de cette discipline.

Pour lui, un groupe est un ensemble de forces qui le poussent à l'action, ou l'en empêchent. Pour introduire un changement, il faut modifier l'équilibre des forces.

Description

Analyse de la dynamique du groupe

Un groupe est un *champ de forces* en interaction avec son environnement. Il ne se réduit à aucune de ses composantes, dont l'interdépendance le constitue. Le groupe se tient dans un état quasi stationnaire : il est au point d'équilibre entre les forces qui le poussent à agir et les freins. Toute augmentation d'une force motrice entraîne une réaction de sens contraire et accroît donc la tension dans le groupe. Ceci est caractéristique dans les époques de changement où la résistance prend d'autant plus de force que la pression pour changer est grande.

État quasi stationnaire ne veut pas dire immobilisme. Bien au contraire, il y a un jeu permanent entre les différentes forces, qui maintient le système autour de son point d'équilibre, avec une marge de variations. Le système s'ajuste sans cesse dans une certaine zone qui est la *marge de manœuvre du groupe*. Pour comprendre le fonctionnement du groupe, il convient donc d'en observer la dynamique :

– les relations entre les membres du groupe et les sous-groupes ;

– les relations du groupe avec l'environnement ;

– les forces extérieures et intérieures au groupe qui le poussent dans un sens et dans le sens opposé ;

– la marge de tolérance du système autour de son point d'équilibre.

Le changement

Le véritable changement pour un groupe consiste à dépasser la marge de manœuvre, autrement dit à passer d'un état quasi stationnaire à un autre. Ce changement se fait en trois temps :

La « décristallisation » (unfreezing process, *pour K. Lewin)*

Il s'agit de rompre l'état stationnaire en modifiant l'équilibre des forces :

– soit en augmentant les forces motrices *(driving forces)*. En ce cas, on risque d'augmenter proportionnellement la résistance et de devoir déployer une énergie considérable pour entraîner le changement ;
– soit en diminuant les freins *(restraining forces)*. Cette approche est la plus efficace, car elle ne provoque pas de résistance. Bien au contraire, elle consiste à abaisser le seuil de résistance. En ce cas, les forces motrices peuvent jouer naturellement, sans blocage.

Ceci est très important en matière de constitution et d'animation d'équipe. L'intervenant ne devra pas craindre de passer du temps sur les blocages du groupe, les craintes, exprimées ou non ; c'est là que l'impact de l'intervention sera le plus grand. En croisant l'approche lewinienne et celle de W. Bion (cf. exposé précédent), on peut même préciser que la partie la plus importante de l'intervention, celle où le consultant a un rôle spécifique à jouer car il est le seul à avoir l'expertise et le statut appropriés, est le traitement des résistances inconscientes.

Le mouvement

Il s'agit alors de définir ce vers quoi l'on veut aller, le nouvel état que le groupe veut atteindre et de réaliser les actions nécessaires. Changer les normes, les manières de faire, l'organisation, la répartition des tâches, les circuits de communication, etc.

La « cristallisation » (refreezing process)

Le nouvel état devient le nouveau point d'équilibre, il est à son tour quasi stationnaire. Cette étape est nécessaire car elle sécurise le changement, elle le rend opérationnel jusqu'à la prochaine fois où il faudra enclencher un nouveau changement.

Le groupe comme moyen de changement

Dans le processus de changement, il faut remarquer que le groupe est non seulement ce qui doit changer mais ce qui permet de changer. En effet, tout changement passe par une phase d'appropriation individuelle ; il n'y a pas de changement de groupe qui ne soit sous-tendu par un changement dans les individus qui le composent. Or le changement individuel est plus facile à réaliser en groupe que seul. Telle est la leçon des expériences menées dans les années 1940-1945 par Kurt Lewin :

– Les normes sociales et groupales qui régissent à des degrés divers les comportements individuels sont plus faciles à confronter et à rejeter en groupe que seul.

– L'engagement pris en groupe est plus solide que l'engagement pris seul, tant en raison du soutien positif apporté par les membres que de la pression sociale exercée par le groupe.
– Le groupe est d'autant plus susceptible d'évoluer et d'aider les membres à changer que son mode de gestion est participatif – démocratique dans le vocabulaire de K. Lewin (par opposition aux modes de gestion dits « autoritaire » et « laisser faire »).

Utilisation

Le modèle proposé par Kurt Lewin est d'une application presque universelle. Il a été développé par ses successeurs et a donné naissance à d'innombrables applications. Sous sa forme originale, il demeure un puissant moyen d'intervention et un guide utile pour l'intervenant. On se posera notamment en permanence la question du traitement des résistances.

3. Les attitudes face au changement

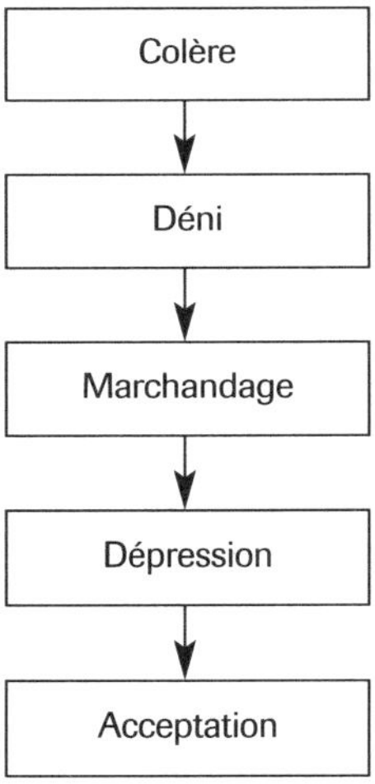

Principe

Le Dr Élisabeth Kübler-Ross a assisté de très nombreux patients atteints de maladie terminale. Elle a tiré de ses observations un cycle type de réactions à l'annonce de nouvelles traumatisantes. On peut utiliser son schéma dans le domaine du groupe.

Face à l'environnement, au stress naturel, le groupe construit son système de défense et de régulation, tant au niveau de la tâche à accomplir qu'au niveau de son inconscient collectif. Ce système de défense doit être suffisamment fort pour permettre au groupe de garder son identité et suffisamment flexible pour lui permettre de s'adapter aux fluctuations de l'environnement.

La difficulté survient en particulier quand les pressions venant, soit de l'intérieur, soit de l'extérieur, augmentent au point de menacer la stabilité, voire l'existence du groupe. Les structures de défense liées à la tâche deviennent alors inefficaces; les réactions affectives inconscientes prennent le pas au risque d'entraîner une rigidification ou une inadaptation des comportements.

Description

Le Dr Kübler-Ross distingue cinq phases successives dans le cycle des réactions aux traumatismes : la colère, le refus, le marchandage, l'abattement, l'acceptation.

La colère : réaction immédiate face au danger

Manifestations

L'organisme se protège de la menace en augmentant le taux d'adrénaline et d'endorphines : la force augmente, la sensibilité à la douleur diminue.

La colère peut éclater immédiatement ou survenir après coup, auquel cas elle semblera ne pas avoir de rapport avec le déclencheur ultime, la goutte qui aura fait déborder le vase. Elle peut se traduire par des manifestations physiques très apparentes, rougeur, pâleur, cris, gesticulations ou, au contraire, rester contenue et être ainsi à l'origine de crispations et de blocages intérieurs.

La colère en groupe provient d'abord d'une addition des comportements individuels : les rumeurs se multiplient, les gens « se montent la tête ». Elle donne ensuite naissance à des comportements plus violents du type arrêt de travail, distribution de tracts, grève, manifestation.

Le *leader* est souvent la cible de la colère du groupe. On retrouve ici le phénomène de bouc émissaire décrit dans l'exposé 6. On le soupçonne (parfois à tort, parfois à raison) de ne pas avoir communiqué toute l'information, d'avoir un statut particulier, d'être mieux protégé que les autres.

Attitudes face à la colère

Socialement peu admise, la colère est pourtant une réaction normale, biologique; la bloquer empêche toute évolution ultérieure. Face à la colère, les attitudes efficaces sont :

– l'évitement : comme l'esquive dans les arts martiaux, il est vain de répondre à la force par la force, à la colère par la colère. Mieux vaut la laisser s'exprimer car y prendre part ne ferait que l'alimenter;

– la compréhension : évitement ne veut pas dire absence, et encore moins ironie (du genre « quand vous aurez fini, on pourra parler sérieusement »). Il est important d'écouter totalement ce qui se dit lors de la phase de colère et de signaler que cela a été entendu.

Le refus : négation de la situation

Manifestations

« Cela n'arrive qu'aux autres » est le thème clé de cette phase. La personne concernée estime que justement elle ne l'est pas; il doit y avoir une erreur. Elle peut aller jusqu'au maintien d'une fausse réalité, comme ces cadres au chômage qui n'en informent pas leur famille et continuent de partir aux heures de travail comme s'ils étaient toujours en activité.

Le refus du groupe de confronter une situation difficile peut prendre plusieurs formes :

– non-prise en considération des raisons objectives qui justifient le changement;

– confusion entre imaginaire et réel : retour « au bon vieux temps », croyance en des solutions magiques (« yaka », « faukon ») ;

– aveuglement sur les modifications de l'environnement.

Attitudes face au refus

En termes d'analyse transactionnelle, c'est le moment d'adopter l'attitude « adulte » – celle qui se situe le plus objectivement possible, même si elle n'est pas immédiatement entendue. On veillera donc à :

– donner des faits, des chiffres, des éléments d'appréciation;

– expliquer la situation, en donner le pourquoi, la situer dans la politique d'ensemble;

– maintenir écoute et ouverture.

Le marchandage : pour obtenir l'annulation ou le report de l'événement traumatisant

Manifestations

Le marchandage consiste à détourner la situation, à proposer des réponses qui n'ont pas à voir directement avec le problème en espérant que celui-ci disparaîtra.

On peut ainsi faire appel aux sentiments, reporter les discussions, trouver mille occasions d'en parler plus tard, avancer des excuses non appropriées, « s'arranger » en sorte que le problème n'apparaisse plus.

Attitudes face au marchandage

L'attitude la plus importante consiste à maintenir l'irrévocabilité du principe. Le marchandage ne peut pas porter sur le problème lui-même (ou bien alors, cela voudrait dire que celui-ci a été mal posé – ce qui, au demeurant, n'est pas impossible). En revanche, il convient de rester ouvert sur les modalités de solution que le marchandage pourrait faire apparaître.

L'abattement : phase de dépression

Toutes les voies de recours ayant été épuisées, la personne se trouve confrontée sans échappatoire possible à la situation traumatisante.

Manifestations

Cette phase est particulièrement difficile car elle se caractérise par un manque total d'énergie, par l'apathie et le manque de motivation. Chacun maintient un « profil bas » en espérant se faire remarquer le moins possible ; les risques sont réduits au minimum, les procédures servent de bouclier.

Les admonestations du genre « Prenez-vous en main ! », « Secouez-vous ! » ne font que demander à la personne de faire ce que justement elle n'a pas la force de faire et renforcer ainsi son sentiment d'impuissance ; à l'opposé, il ne convient ni de la laisser « couler » ni de faire à sa place, ce qui ne résoudrait rien.

Le *leader* du groupe est particulièrement exposé, en raison du stress particulier qu'il subit : non seulement il est touché directement par la situation mais il en est jugé responsable (bouc émissaire). La pression qui s'exerce alors sur lui peut le faire retourner à des comportements archaïques et notamment à une dépression, d'autant plus difficile à vivre que par fonction il s'efforcera de ne pas la montrer.

Une catégorie particulière de population peut se trouver dans cette phase : les survivants après restructuration, à qui l'on demande de former une nouvelle équipe. Ils peuvent éprouver un sentiment de tristesse profonde pour leurs collègues licenciés, voire même un sentiment de culpabilité.

Les actions de soutien

Elles peuvent porter sur :
- le maintien d'une structure ferme dans laquelle la personne ou les groupes de personnes peuvent trouver des repères ;
- la mise à disposition d'opportunités, sans en imposer aucune ;
- le renforcement du potentiel énergétique, notamment par le biais d'une action sur le mode de vie individuel (alimentation, activités physiques) et collectif (esprit d'entreprise, manifestations communes).

L'acceptation

L'inévitable est reconnu comme tel et la personne concentre son énergie sur la meilleure manière de le vivre.

Cette phase est souvent l'occasion d'un recadrage de la situation qui permet de faire apparaître de nouvelles possibilités, jusque-là inaccessibles ou même invisibles.

Quelques remarques pratiques

– Les cinq phases sont décrites ici selon un ordre logique et globalement chronologique. Mais, concrètement, cet ordre peut être perturbé de différentes manières : une phase peut être « omise » ou intervertie ; le déroulement peut se bloquer à un niveau sans plus jamais avancer ; il peut aussi se produire des retours en arrière.

– Pour arriver à une attitude réellement adaptée, il est nécessaire de traverser ces cinq phases. Il n'y a pas d'économie possible en ce domaine ; l'acceptation non précédée de colère, par exemple, a de fortes chances de n'être qu'une forme de résignation.
– Faute de savoir exactement quoi faire, on ne se trompera pas d'une part, en écoutant, d'autre part, en diffusant l'information objective dont on dispose.
– Préoccupations de groupe et préoccupations individuelles sont, dans les circonstances difficiles, encore plus inextricablement mêlées qu'à l'habitude. Sans entrer dans la vie personnelle des membres du groupe, on ne fera pas l'impasse sur cette intrication.

Les valeurs

exposé 8

Les valeurs, dont on parle beaucoup dans l'animation d'équipe ou les projets d'entreprise, sont un thème qui ne relève que partiellement du management. Elles renvoient au sens que chacun veut donner à son activité, et à l'accord auquel peuvent parvenir sur ce point les membres d'un groupe. Le terme de valeurs recouvre plusieurs niveaux de signification. On distinguera au moins :

– les valeurs à caractère fondamental, celles qui relèvent de l'ordre des finalités et qui confèrent un sens à l'action. Figurent, par exemple, sous cette rubrique, la conception que l'on a de la personne humaine, la finalité que l'on donne à l'évolution de l'espèce. En termes simplifiés : « Qui sommes-nous et où allons-nous? » Ces questions sont souvent considérées comme relevant de la seule sphère privée. Cependant, pour qu'un groupe fonctionne bien, il faut qu'elles aient un certain droit de cité; dans l'idéal, elles doivent pouvoir donner lieu à échange en vue d'un consensus minimal;

– les valeurs à caractère moral, celles qui inspirent l'organisation du corps social. Par exemple : la solidarité, la confiance mutuelle, le respect des engagements, le service du client. Elles sont sous l'ascendant des précédentes, mais ont leur propre zone d'influence. Ce sont elles que l'on vise le plus souvent quand il est question de valeurs d'un groupe; on ne peut faire l'économie d'un accord solide à leur sujet.

La différence entre les deux niveaux est parfois ténue. On sait qu'on touche une valeur fondamentale quand on ne peut plus la justifier par autre chose que « c'est ce à quoi je crois ». C'est bien pourquoi d'ailleurs les subjectivités interviennent si fortement en ce domaine, et pourquoi il est si difficile et si important d'en parler.

Au demeurant, il ne s'agit pas tant d'en parler que d'en mesurer l'impact réel. Les valeurs ont plus besoin d'être confrontées aux faits que d'être couchées sur papier glacé. Chaque fois donc qu'un groupe énonce des valeurs, il faut immédiatement envisager les situations concrètes où ces valeurs devront s'appliquer, et examiner comment. S'il y a hiatus, il faut préciser pourquoi, et déterminer comment cette différence va être assumée. Un exemple classique est celui de la confrontation des valeurs « honnêteté et transparence » et de la coutume consistant à verser des « commissions occultes » pour obtenir certains marchés. Plus couramment : comment concilier la valeur « solidarité d'équipe » avec un système de promotion basé sur le mérite individuel; ou encore, plus simplement, comment harmoniser la même valeur de solidarité avec une répartition inégale de la charge de travail à l'intérieur d'une équipe.

Le travail sur les valeurs doit donc être d'autant plus concret et spécifique qu'il peut avancer sous le couvert de la théorie la plus générale ! On trouvera dans les Applications pratiques (exercices 23, 24 et 25), des méthodes de travail permettant à un groupe d'échanger sur ses valeurs. Et dans les pages qui suivent, nous proposons :

– une mise en perspective des valeurs dans un cadre général (carte culturelle) ;

– un rappel de l'évolution contemporaine des valeurs sociales en entreprise.

1. La carte de cohérences

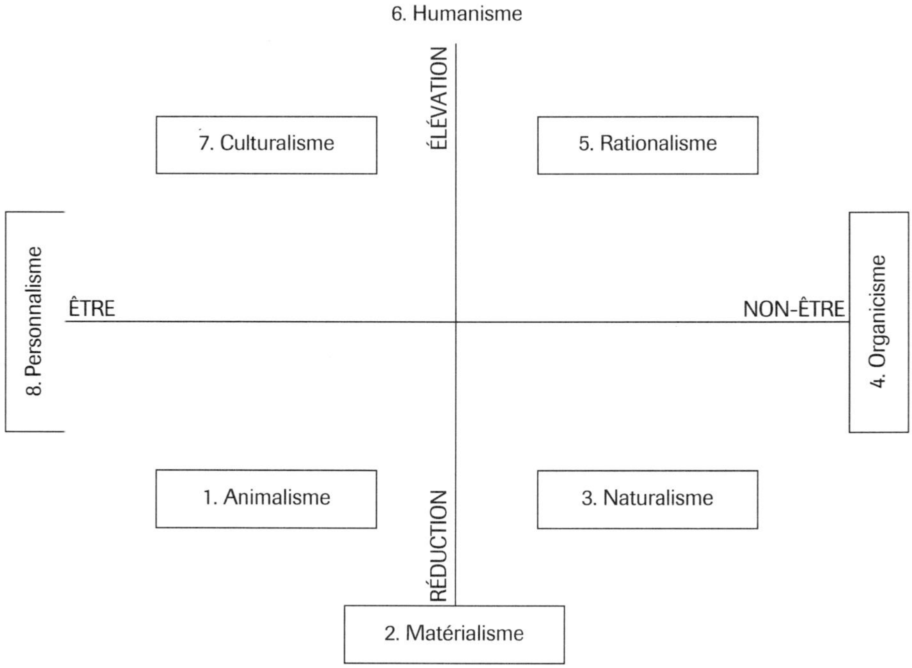

Principe

Roger Nifle, dont nous avons déjà évoqué la théorie des cohérences, a élaboré le concept de « carte de cohérences », permettant de discerner les différentes façons de penser d'un groupe ou d'une organisation. Elle donne ainsi un cadre pour situer les valeurs énoncées dans une perspective globale. C'est une matrice de base ; à partir d'elle, il est possible de décliner la carte propre à chaque groupe ou institution.

Description

La carte donne des repères essentiels que l'on peut exprimer soit au travers de concepts généraux, soit au travers d'applications spécifiques. Elle se construit autour de deux axes principaux :
– l'axe « Être/non-Être ». Par « Être », on entend la disposition à situer le lieu du sujet en soi-même et en chacun. C'est le pôle de la personne, de l'autonomie, de la responsabilité. Par « non-Être », on entend la disposition à situer toute chose comme déterminée à partir d'un modèle dont elle est le reflet ou le développement. C'est le pôle de l'individu, résultat de l'évolution génétique ;
– l'axe « Édification/Réduction ». L'édification ou élévation est celui de l'émergence, de l'apparition des qualités, de la différenciation. C'est celui de la construction, du développement, de l'éducation. Le pôle de la réduction, qui en est l'opposé, se manifeste, soit par la réduction à l'élémentaire, entraînant désintégration, déqualification, soit par la réduction à la masse, entraînant confusion, amalgame.

Ces deux axes déterminent huit zones, qui ne sont différenciées que pour permettre des repérages de sens. Quatre zones correspondent aux polarités « à l'état pur », quatre zones correspondent à la combinaison de deux polarités. Les termes qui désignent ces zones sont des conventions ; ils peuvent être modifiés en fonction des besoins et des domaines que l'on cherche à explorer.

1. L'animalisme

Le sujet est situé en lui-même, mais dans une optique de réduction : c'est le domaine des instincts et des pulsions. La logique est celle de la possession, possession du sujet par ses passions, incorporation de la chose par le sujet. Elle inspire une stratégie de conquête considérée comme une loi de la nature : l'homme est un loup pour l'homme, c'est la loi de la jungle, celle du plus fort. La vision de l'entreprise est impérialiste. On parlera de conquête, de compétition, de lutte économique mondiale, « manger pour ne pas être mangé ». Le discours est militairement mobilisateur.

2. Le matérialisme

Cette zone est celle de la réduction totale : il n'y a que des éléments atomistiques additionnés en quantités. On raisonnera en termes de masses : masse financière, production de masse, masse

« prolétarienne », chaque élément n'ayant de sens – relatif – que par rapport à la masse dans laquelle il s'intègre. Aucun élément constituant la masse n'a de sens en soi : c'est le travail en miettes, la dépersonnalisation. Il s'agit ainsi d'un système dualiste, manichéen : soit il y a attraction dans la masse avec fusion, soit il y a répulsion entraînant exclusion. Dans les deux cas, la logique est celle de l'anéantissement de l'individu, de l'exploitation absolue.

3. Le naturalisme

Le naturalisme visé ici est celui de l'équilibre naturel d'un monde physique, composé d'objets. Tout est alors une question de flux, de relations entre choses qui s'adaptent les unes aux autres. Le monde est vu comme un système mécanique régi par un certain nombre de lois « naturelles ». Il n'y a ni faute ni responsabilité puisqu'il n'y a qu'un jeu d'équilibres à laisser jouer. La loi de l'offre et de la demande est l'une de ces lois typiques. Par bien des aspects, l'approche systémique, l'écologie, l'économisme relèvent de ce champ. C'est le règne de la « pensée unique » indiscutable, puisqu'elle est présentée comme un mécanisme inéluctable auquel personne n'échappe.

4. L'organicisme

Les choses sont ici expliquées en totalité par un principe extérieur qui les régit. La structure de base, le modèle rendent compte de ce qui existe. L'exemple type est l'ADN : la structure de la molécule explique le développement de l'individu. Il y a des lois d'assemblage, et ce sont elles qui font qu'un ensemble d'organes est un organisme. Ce structuralisme radical explique de la même manière les institutions humaines considérées comme un corps, un organisme, dont les individus sont les membres, les organes. Chacun n'est alors défini que par la fonction qu'il occupe dans l'organisme.

5. Le rationalisme

Le principe de l'explication par un principe extérieur demeure, mais dans un sens d'élévation : c'est ici l'homme qui opère par sa raison pour structurer le monde. Il recherche les liens qui vont lui permettre de comprendre et d'avoir prise : l'efficacité est le meilleur rapport entre causes et effets. La raison débouche ainsi sur la technique, dont le support est l'outil. Petit à petit, le monde doit se soumettre au développement de la rationalité qui n'offre pas de limites. La loi de raison établit des rapports ordonnés entre les choses en fonction des valeurs humaines : elle est, ce faisant, une loi morale, mais une loi morale qui subordonne le sujet à la norme définie, même si cette norme est définie par un sujet.

6. L'humanisme

L'humanité est ici la mesure de toute chose. L'homme debout est celui qui affirme sa valeur en lui-même et qui la teste au moyen de ses réalisations. Celles-ci ne sont pas évaluées quantitativement, de l'extérieur, mais en tant qu'elles traduisent la valeur d'humanité. « Connais-toi toi-même et le monde t'appartiendra », était-il inscrit au fronton du temple de Delphes. C'est que si l'homme est la mesure et le concentré de toute chose, se connaître revient pour lui à connaître le monde.

7. Le culturalisme

Le culturalisme est au croisement de l'humanisme et de la personne. Il est le lieu du symbole, où toute chose est considérée non pour ce qu'elle est mais pour ce qu'elle signifie : à la fois du domaine de la personne et du domaine du monde. Ceci se révèle essentiellement dans l'échange avec le monde et avec les autres. De cet échange naît un consensus, qui est l'origine de la culture, symbolisation collective dans laquelle les hommes reconnaissent le monde et se reconnaissent entre eux. La culture se développe alors dans les activités de l'homme, qui y « professe » le sens qu'il donne aux choses. Dans ce contexte, l'entreprise est le lieu de rencontres où s'édifie une œuvre collective. Et la loi n'est plus obligation mais expression et orientation de la voie juste pour un homme libre et responsable.

8. Le personnalisme

Dans cette zone, tout ce qui est, est manifestation d'un être, d'une personne. Dans chaque objet, il y a un sujet; toute chose est manifestation d'être, de plusieurs êtres ou, éventuellement, d'un seul être considéré comme divin. Il n'y a d'existence et de vérité que dans l'être, qui lui-même est et ne peut être que véridique puisqu'il est seul réel. L'homme est donc auteur du monde; s'il manque de relativisme, il peut se croire le seul maître du monde, ou même abdiquer devant une transcendance extérieure dominatrice (logique animaliste).

Utilisation

Roger Nifle a conduit de nombreuses applications de cette démarche à l'entreprise. Nous n'avons fait qu'esquisser ici une pensée riche dont l'intérêt principal pour notre propos est d'obliger à se poser des questions précises lorsqu'un groupe tente de *définir* ses valeurs. Ces questions sont essentiellement de deux ordres :

– Les valeurs qu'un groupe se donne correspondent-elles à la finalité qu'il poursuit? Autrement dit, sont-elles conformes à celui des huit champs dans lequel on veut s'établir?

– Et surtout, les valeurs définies sont-elles cohérentes entre elles? En termes de l'analyse présentée ci-dessus, relèvent-elles toutes de la même zone ou de zones différentes?

Ce deuxième point nous paraît crucial. Trop souvent, en effet, le groupe se donne des valeurs non compatibles entre elles; ce faisant, aucune n'a d'effet opératoire. C'est typiquement le cas quand, à la fois :

– on annonce la solidarité comme valeur du groupe : « culturalisme »;

– on établit des systèmes et des procédures technocratiques : « rationalisme » ;
– on donne comme objectif la « conquête » du marché et l'élimination de la concurrence : « animalisme ».

Les messages sont incohérents et la charte des valeurs du groupe n'est qu'un ramassis sur papier glacé d'intentions contradictoires. Établir la carte des valeurs, même de façon empirique, est alors un salutaire exercice de discernement.

2. D'un paradigme à l'autre

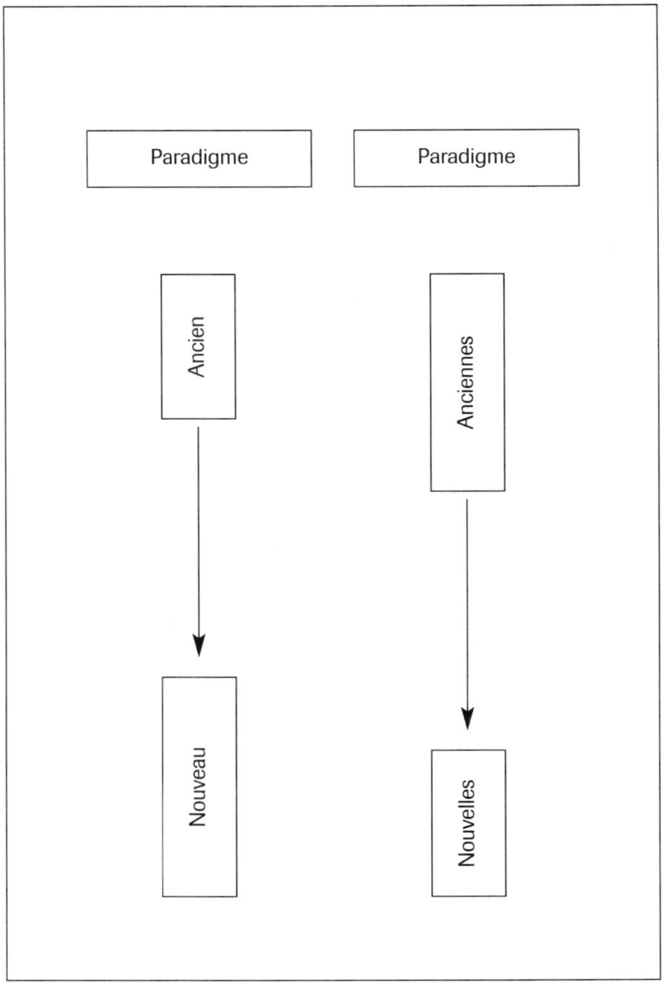

Principe

Le paradigme a quitté le domaine étroit de la grammaire et de la linguistique pour connaître un vaste succès dans les sciences humaines. On entend par paradigme un modèle des valeurs et des normes qui rend compte, à un moment donné, d'un ensemble de phénomènes sociaux.

On parle ainsi de paradigme en management pour désigner les principes sous-jacents à un système ou un style managérial donné. Les travaux de la Cofremca ont beaucoup contribué à donner un contenu précis à la perception de l'évolution des paradigmes sociaux. Hubert Landier a, de son côté, proposé des synthèses claires des différences entre l'ancien et le nouveau paradigme en management.

Description

L'ancien paradigme

Le paradigme traditionnel du management est symbolisé par le système « taylorien », même si Taylor lui-même est plus riche que le modèle auquel il a donné naissance et si tout ce qu'on met sous ce paradigme ne se trouve pas toujours dans Taylor. En voici les principales caractéristiques :

– il y a une différence fondamentale entre les ouvriers/employés et leur maîtrise ; les uns pensent, les autres exécutent ;

– il existe une manière de faire qui est meilleure que les autres *(the one best way)* ; elle est définie par la maîtrise, l'opérateur lui-même n'ayant pas à intervenir ;

– les gens ne sont pas motivés par eux-mêmes ; si on ne les pousse pas au moyen d'incitations financières ou en étant toujours « sur leur dos », il y a de fortes chances pour qu'ils ne fassent rien ;

– le style d'autorité est basé sur le modèle militaire traditionnel, d'où l'expression d'encadrement – ceux qui au sens littéral encadrent la troupe ;

– l'autorité prend sa source dans la position hiérarchique, elle n'a pas à se justifier ;

– les membres du groupe sont indifférenciés, ils entretiennent des relations essentiellement avec leur responsable ;

– la concurrence et la rivalité entre les membres du groupe est un facteur de stimulation ;

– la prise de risque et l'autonomie sont faibles, la fidélité et l'obéissance sont récompensées ;

– les tâches sont clairement réparties, chacun dispose d'une définition de fonctions.

Le nouveau paradigme

Il émerge, à partir du moment où la motivation et l'initiative personnelles deviennent un facteur de productivité. Dans les années soixante, on voit apparaître des formulations de ce nouveau paradigme par des chercheurs et des praticiens en sciences sociales (Théorie Y de McGregor, Système 4 de Rensis Likert, Management « 9,9 » de Blake et Mouton, etc.). Il se précise de nos jours sous la pression économique et prend des formes opérationnelles diverses. Il se caractérise par :

– l'importance des interactions, tant entre le groupe et son environnement qu'entre les membres du groupe ;

– l'abandon d'une causalité linéaire trop simple qui amène à se poser des questions du genre « à qui la faute ? » à une causalité circulaire où l'on se pose plutôt la question de « que faut-il changer pour obtenir le résultat souhaité ? » ;

– la recherche de jeux à somme variable, où les solutions permettent à chacun de trouver son avantage ;

– l'autonomie accordée aux individus en fonction de leurs capacités, ce qui suppose un développement intensif de l'information ;

– l'élaboration d'un dessein commun, qui permet aux membres du groupe d'orienter leurs actions dans une même direction ;

– des formules d'organisation et de travail originales, se fondant sur la décentralisation, la multiplication des lieux de travail, la création de réseaux, l'écrasement des lignes hiérarchiques, la modularité (création de centres de profit) ;

– la souplesse dans la répartition du travail, fondée sur des définitions de mission ;

– une autorité qui prend sa source dans sa capacité d'animation et qui implique les personnes qui dépendent d'elle ;

– la coopération entre les membres du groupe ;

– le développement de l'innovation et de la prise de risque.

Décalage entre aspirations et pratiques

L'expérience quotidienne montre que, si le nouveau paradigme se développe, il se situe plus souvent au niveau des aspirations qu'à celui des pratiques. Tout se passe comme si la plupart des individus et beaucoup de petits groupes avaient intégré le nouveau paradigme, alors que les institutions, dans leur ensemble, en sont encore loin. Ceci est une des raisons pour laquelle le groupe, au sens où nous le traitons dans cet ouvrage, est souvent vécu comme plus ouvert, plus agréable à vivre et plus productif que l'entreprise à l'intérieur de laquelle il se situe. En sens contraire, ce décalage peut permettre au responsable d'une équipe de se retrancher derrière l'institution pour faire passer des aspects désagréables du management. Le risque peut exister, à ce niveau, que l'institution ne devienne le bouc émissaire du groupe, qui se constitue alors en opposition à l'ensemble dont il dépend.

Il est évidemment difficile de mesurer le décalage entre aspirations et pratiques. Hubert Landier, à travers diverses enquêtes, en a donné une estimation, résumée ci-après.

Valeurs	Attentes salariés	Styles de management
Nouvelles		
Dynamisme économique Valorisation de l'individu Valorisation de la réussite	57,8 %	26 %
Anciennes		
Souci de la gestion Valorisation de la hiérarchie Respect des procédures	42,2 %	74 %

3. La confiance

		JE	
		Gagne	**Perds**
IL	**Gagne**	GAGNANT/ GAGNANT	PERDANT/ GAGNANT
	Perd	GAGNANT/ PERDANT	PERDANT/ PERDANT

Principe

Toutes les valeurs que partage une équipe mériteraient en soi d'être approfondies. Si nous traitons spécialement de la confiance, c'est qu'elle est non seulement une valeur, mais une condition d'existence du groupe. S'il n'y a pas confiance entre les membres d'un groupe, celui-ci n'est qu'une collection d'individus, ayant éventuellement un but en commun, mais certainement pas un but commun (cf. exposé 7).

Description

La question de la confiance dans le groupe apparaît clairement quand il s'agit de définir les intérêts communs et de savoir ce que fera chaque membre du groupe quand les intérêts divergeront. Autrement dit, jusqu'à quel point les membres du groupe peuvent-ils se faire confiance pour que les intérêts communs passent avant les intérêts propres?

Deux attitudes sont possibles en cas de divergence d'intérêt :

– la négation, le refus : le problème est enfermé dans un placard, « on n'en parle pas ». Solution qui a son intérêt à court terme, mais provoque en général une catastrophe à plus long terme;

– la confrontation : nous avons un problème, comment le résoudre?

Dans cette hypothèse, trois stratégies sont possibles :

– *la lutte* : que le plus fort l'emporte. Il est bien évident que si les membres d'un groupe utilisent cette stratégie les uns par rapport aux autres, il ne peut y avoir réellement de groupe. Mais cette évidence n'est pas si facile à concrétiser, car les systèmes de l'entreprise ne sont pas toujours, tant s'en faut, en accord avec ce que demande l'esprit d'équipe. L'exemple le plus patent en est le système de récompenses (salaires, primes, promotions), plus souvent orienté vers l'individu que vers le groupe. Il faut voir là un des principaux obstacles au *team building* : les participants à un séminaire sont bien convaincus de l'importance du travail en équipe, mais toute leur expérience est là pour les convaincre que ce n'est pas cela qui fera leur carrière;

– *la négociation* : chacun a besoin de l'autre et la lutte serait trop coûteuse, ou trop incertaine, ou tout simplement jugée « immorale ». Dans ce cas, on procède à des échanges relativement équilibrés, du style « donnant-donnant ». La négociation est la stratégie de base dans un groupe qui démarre. Elle implique :

- l'existence d'une zone d'intérêts communs,
- un relatif équilibre dans le besoin que chacun a de l'autre pour atteindre l'objectif,
- une certaine confiance, assurée par des garanties;

– *la coopération* : son principe est aussi celui d'un échange entre deux personnes pour atteindre un but commun. Mais à la différence de la négociation, la notion de « donnant-donnant » ne se joue pas à court terme mais à long terme. Et surtout, il n'est plus besoin de garanties; la confiance, établie sur une relation réussie, est suffisamment forte pour s'en dispenser.

Les différentes situations possibles sont représentées dans le tableau ci-dessus. En fonction du gain ou de la perte de chacun, on rencontre trois situations de base :

– les deux parties en présence obtiennent un gain relativement équilibré. C'est une situation « gagnant-gagnant », qui est en général stable, la satisfaction des partenaires étant la meilleure garantie de continuité. Elle est la base même de la coopération, et implique la confiance. Elle se trouve également dans les négociations réussies, notamment les négociations intégratives (voir dans la même collection l'ouvrage de Lionel Bellenger, S*tratégies et tactiques de la négociation*) ;

– une partie perd alors que l'autre gagne : situation de gagnant-perdant ou de perdant-gagnant, selon le côté où l'on se situe. C'est le cas des mauvaises négociations où le compromis final se situe en dehors de la zone d'acceptabilité de l'un des négociateurs; c'est le cas naturellement des stratégies de lutte. Les situations de ce type éliminent la confiance pour peu qu'elle ait existé et entraînent la défiance pour l'avenir. À terme, elles sont instables car penchant inéluctablement vers des situations à deux perdants. Celui qui a trop perdu a pour seul souci de se rattraper, ou de se venger;

– les deux parties sont perdantes : la « victoire » a coûté aussi cher que la « défaite ». C'est malheureusement une situation très stable car la confiance est brisée. La recréer est beaucoup plus long et difficile.

Utilisation

La question de la confiance est presque toujours abordée dans un groupe, même si ce n'est qu'indirectement, ou à l'occasion d'un autre sujet. Si, en général, les membres d'un groupe sont bien d'accord sur le principe, il est cependant important de les questionner sur les applications concrètes.

Dans la partie pratique, nous proposons deux exercices permettant de réfléchir à la confiance entre membres d'un groupe (exercices 26 et 27).

La communication

exposé 9

La communication est à la base de tout échange ; il ne saurait y avoir d'action de *team building* sans un travail sur la communication. Pour autant, l'un ne se réduit pas à l'autre.

La communication a donné naissance à d'innombrables théories, livres et exercices pratiques. Nous y renvoyons le lecteur intéressé, et notamment à l'ouvrage de Roger Mucchielli paru dans la même collection : *Communication et réseaux de communication*.

Notre propos, plus encore ici qu'ailleurs, n'est pas de faire le tour de la question, mais de proposer des démarches opérationnelles dans le cadre d'une intervention de *team building*.

Nous présenterons donc quelques modèles de compréhension de la communication qui nous paraissent particulièrement éclairants à certains moments de la vie du groupe :

– la différence entre information et communication ;
– les 7 principes de la communication ;
– l'approche typologique ;
– les états du moi et les transactions ;
– le triangle dramatique du persécuteur, de la victime et du sauveur ;
– les attitudes d'écoute.

En ce qui concerne les exercices, il en existe de nombreux mais qui nous semblent plutôt destinés à des actions de formation à la communication qu'à des interventions de *team building* (ce qui n'empêche pas de les utiliser !). Nous en proposons un seul, la grille d'interface, d'une polyvalence et d'une efficacité attestées par une vaste pratique (la nôtre et celle de beaucoup de consultants). Voir exercice 28.

1. Information et communication

COMMUNICATION	INFORMATION
Rendre commun	Mettre en forme
Canal multiflux	Sens unique
Émetteur et récepteur interchangeables	Hiérarchie
Pas de contenu préétabli	Propagande
Entropie nécessaire	Ordre et ordres
Convaincre	Persuader
Connaissance réciproque	Recettes

Principe

Information et communication sont deux concepts voisins qu'il importe de bien distinguer car leur confusion, volontaire ou involontaire, est source de tensions.

L'information peut désigner :
– l'action d'informer;
– le contenu même de ce qui est transmis et qui a pour objet de donner forme, de réduire le désordre.

La communication, quant à elle, est l'ensemble des processus par lesquels une ou plusieurs personnes entrent en relation avec une ou plusieurs autres personnes, en vue d'atteindre certains objectifs.

Description

Information et communication diffèrent grandement dans la pratique :
– quant à l'intention qui les anime : la communication a pour but d'échanger, de partager; l'information, d'introduire de la clarté là où il y a confusion. L'étymologie est éclairante : communiquer, c'est mettre en commun; informer, c'est donner une forme;
– quant aux canaux utilisés : la communication est multiflux, elle passe par différents niveaux, elle inclut dans sa définition même un aller-retour; l'information est à sens unique, elle va de celui qui détient l'information à celui qui l'ignore;
– quant aux rôles de chacun : les personnes qui communiquent sont interchangeables, *a priori* l'une n'a pas un rôle plus important

que l'autre ; dans l'échange d'informations, une personne sait, l'autre pas. La communication suppose égalité, l'information implique hiérarchie.

– quant au contenu : la communication n'a pas nécessairement un contenu préétabli ; même si c'est le cas, le processus d'interaction va entraîner sa modification au fur et à mesure. L'information est la transmission d'un contenu défini et connu *a priori*; elle relève de l'ordre de la propagande, ce qui doit être propagé ;

– quant à l'énergie utilisée : la communication est normalement connotée d'une certaine déperdition d'énergie. Pour découvrir ce que personne ne savait au départ, il faut souvent perdre du temps. L'information est directement structurante ; non seulement elle introduit l'ordre, mais elle est souvent un moyen de donner des ordres ;

– quant au type d'argumentation : pour amener l'autre à ses vues, la communication cherche à convaincre ; elle opère explicitement entre deux personnes égales. L'information, quant à elle, cherche à persuader ; elle est une influence implicite de celui qui sait sur celui qui ne sait pas ;

– quant à l'implication de chacun dans le processus : la communication émane d'un souci de connaissance de soi et de l'autre ; elle demande de la part des partenaires une volonté de clarté et d'écoute ; chacun est directement et personnellement engagé dans le processus de communication. L'information relève de la méthodologie ; elle fait appel à des recettes que l'on peut appliquer de l'extérieur. La communication demande un engagement personnel, l'information peut conduire à la manipulation.

Utilisation

Dans son ouvrage *L'entreprise à l'écoute*, Michel Crozier, dont nous nous sommes inspirés pour la description ci-dessus, relève le glissement de sens qui s'opère dans l'entreprise et comment un mot est utilisé pour l'autre à titre de camouflage. En effet :

– quand un responsable, toute personne en position hiérarchique, annonce son intention de communiquer, c'est en général qu'elle a une information à transmettre. « Je veux communiquer » peut se traduire par « silence, écoutez-moi ». La réponse de celui qu'on informe a pour seul but de vérifier qu'il a bien compris ;

– quand un collaborateur, toute personne en position dominée, déclare manquer d'informations, c'est qu'elle souhaite qu'on l'écoute davantage. « Nous manquons d'informations » peut se traduire par « demandez-nous ce que nous en pensons ».

Les quiproquos sont évidemment nombreux : celui qui annonce son intention de communiquer éveille sans y prêter attention des attentes qui n'entrent pas dans son propos ; et celui qui demande des informations risque fort de se retrouver avec une avalanche d'informations qui ne fera que renforcer sa frustration.

2. Le schéma général de la communication

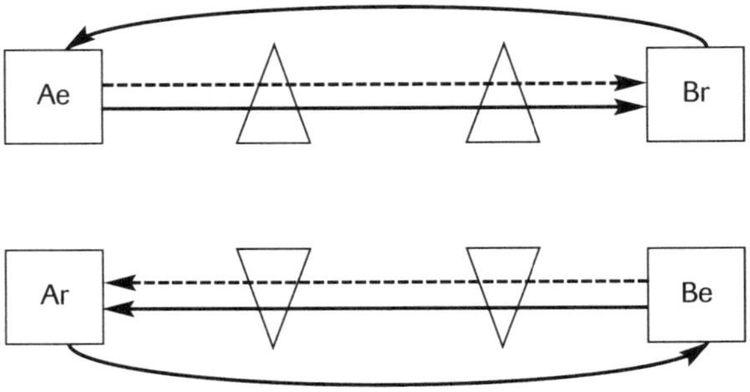

Dans ce graphique :

– A et B sont les deux partenaires de la communication ; ils peuvent se trouver en position d'émetteur (« e ») ou de récepteur (« r ») ;
– les flèches représentent ce qui est transmis, sous le double aspect du message et de la relation ;
– les triangles symbolisent les opérations de codage et de décodage accomplies par l'émetteur et le récepteur ;
– l'arc de cercle signifie la rétroaction, information en retour du récepteur vers l'émetteur.

Principe

Le modèle de la communication met traditionnellement en présence deux personnes (ou groupes de personnes) qui, alternativement, émettent et reçoivent des messages. Cette situation de base est susceptible d'un grand nombre de variations dans ses modalités. En suivant notamment les analyses de l'école de Palo Alto, nous indiquons 7 axiomes ou principes particulièrement utiles pour éclairer le fonctionnement d'un groupe.

7 principes de la communication

1. Tout est communication

Dès que deux personnes sont en présence, il y a communication. Dès que j'ai conscience de l'existence de l'autre, je suis amené à me situer par rapport à lui, ne serait-ce que pour le rejeter. Mais rejeter, ignorer, sont des formes de communication, qui reviennent à dire : « Vous n'existez pas pour moi. »

Le membre d'un groupe qui ne participe pas à la conversation, ne donne pas son avis sur la question traitée, émet en fait des messages très forts, même s'ils sont difficiles à comprendre. Leur ambiguïté ouvre la porte à de multiples interprétations, allant de : « Il nous prend pour des imbéciles », à : « Il a dû avoir une scène de ménage avant de venir. » En fonction de quoi, chaque membre du groupe va à son tour réagir, par l'ignorance, le mépris, le harcèlement de questions, la compassion, tous mots ou attitudes qui lui paraîtront appropriés. On peut aller très loin dans ce jeu de communication par absence de communication. Celui qui est ignoré parce qu'il n'a rien dit jusqu'à présent peut à son tour interpréter le silence comme : « Personne ne fait attention à moi » ou : « Ils sont aussi bêtes que je le pensais. » Et ainsi de suite à l'infini.

En fait, tout comportement est une forme de communication. L'épaisseur de la moquette dans le bureau, la marque de la voiture, les vêtements sont un moyen, conscient ou inconscient, de parler de soi, que les autres ne peuvent pas ne pas interpréter.

En bref, le corollaire du premier axiome peut se formuler : *« On ne peut pas ne pas communiquer. »*

2. Toute communication comporte deux niveaux : le message et la relation

Nous retrouvons ici, en termes de communication, l'équivalent de la distinction opérée plus haut entre processus et contenu. Il y a dans la communication, ce qui est dit, le message, et la manière dont on le dit, la relation.

Le message est en général énoncé sous une forme verbale, de façon explicite le message se veut clair dans l'intention, même s'il ne l'est pas toujours dans la pratique. Quand Boileau écrit :

> « Ce qui se conçoit bien s'énonce clairement
> Et les mots pour le dire arrivent aisément »

il se situe au niveau du message.

La relation prend des formes variées, complexes. Elle est essentiellement non verbale et fonctionne sur le mode analogique ; elle évoque par des aspects concrets ce dont elle parle. Mais, par là même, elle est aussi sujette à ambiguïté car elle peut avoir différentes significations.

La relation comprend les gestes, la posture, les mimiques, les inflexions de voix, le rythme, la mise en situation des interlocuteurs. En choisissant le lieu d'une réunion, on en donne déjà le ton, on indique l'importance qu'on y attache. L'ordre dans lequel les personnes s'assoient est une communication sur leurs alliances, leur hiérarchie.

La relation indique comment doit être compris le message ; elle vient en quelque sorte le commenter. Deux cas principaux se présentent :

– la relation va dans le même sens que le message ; elle le conforte. Il y a cohérence entre les niveaux ; la communication est efficace ;

– la relation va en sens contraire du message ; elle l'infirme. Le non-verbal dément le verbal. C'est un cas fréquent. Ainsi, le responsable d'équipe qui passe la parole à quelqu'un en lui disant « on vous écoute », et commence à dépouiller discrètement (croit-il) son courrier. On pourrait multiplier les exemples à l'infini... Or, ce que le récepteur retient, c'est d'abord la relation, même s'il n'en est pas conscient.

3. Le message est ce qui est reçu ou : c'est le récepteur qui fait le message

Dans la transmission de l'émetteur au récepteur, il y a toujours déperdition de l'information et très souvent erreurs ou incompréhensions. En effet, pour que le message aille de l'un à l'autre, il faut :

– que l'émetteur procède à une opération de codage, c'est-à-dire qu'il transforme sa pensée et ses sentiments en mots, en phrases, en gestes ;

– que le récepteur procède à l'opération inverse, c'est-à-dire qu'il décode les mots et les gestes pour retrouver ce que l'émetteur a voulu lui communiquer.

Il faudrait donc, pour que le message soit intégralement transmis, que le code utilisé par l'émetteur soit parfaitement compris du récepteur. Condition toute théorique que viennent battre en brèche de nombreux éléments. Sans prétention à l'exhaustivité, voici quelques-uns des plus fréquents :

– la culture, au sens le plus large :

• la langue. Même à l'intérieur d'un pays, les mots changent de connotation, parfois même de signification ;

• l'éducation, familiale, scolaire,

• le milieu social, professionnel ;

– l'environnement et la situation des interlocuteurs :

• leur position hiérarchique (voir principe 5),

• les objectifs et les enjeux de la communication,

• les différentes pressions externes ;

– les personnes elles-mêmes :

• leur type de personnalité (voir ci-après l'approche typologique),

• leurs rôles (voir ci-après les « états du moi »),

• les attitudes qu'elles prennent (voir ci-après les « attitudes d'écoute »).

Le message tel qu'il est reçu est donc très probablement différent de celui qui a été émis. On peut en tirer quelques règles pratiques pour l'émetteur :

■ – Seul compte ce qui a été reçu ; aussi belle et bien faite qu'ait été sa communication aux yeux de l'émetteur, si le récepteur ne l'a pas comprise, c'est qu'elle n'était pas adaptée. Point.

– L'émetteur ne peut qu'adapter son message au récepteur ; c'est sur lui-même et sur sa propre communication qu'il doit agir, pas sur l'autre. Cela n'empêche pas le récepteur d'avoir le devoir de chercher à comprendre, ni l'émetteur d'aider le récepteur à élargir son esprit. Mais fondamentalement, il faut commencer par se changer soi avant de changer l'autre.

– L'amélioration de la communication passe souvent plus par la multiplication des canaux que par l'amélioration du même médium. Si les notes écrites ne véhiculent pas assez l'information, mieux vaut tenir plus de réunions que d'utiliser du papier glacé comme support.

– La reformulation, entre autres avantages, est le meilleur moyen de s'assurer de ce qui a été compris.

4. La nature d'une relation dépend de la ponctuation des séquences de communication

La communication est de fait un système à rétroaction : c'est-à-dire un ensemble, composé d'au minimum deux éléments (émetteur et récepteur) et parfois beaucoup plus, en interaction continuelle. Ce que l'un dit réagit sur l'autre. L'information transmise de l'émetteur au récepteur, suscite une information en retour du récepteur vers l'émetteur et ainsi de suite. On est donc en présence d'une causalité circulaire, où chacun réagit sur l'autre.

Or, la tendance de chacun des partenaires, surtout quand la communication va mal, est de raisonner en termes de causalité linéaire. « Qui a commencé ? » – « De qui est-ce la faute ? » Cette attitude, très fréquente, risque d'être stérile, car l'argument de l'un entraîne le contre-argument symétrique de l'autre. Ainsi de deux personnes dans un bateau qui penchent chacune de leur côté, au motif parfaitement réversible « qu'il lui faut bien rétablir l'équilibre puisque l'autre personne penche de son côté ». Ainsi d'une équipe de direction dont le diagnostic de fonctionnement fait apparaître les reproches suivants :

– du côté du directeur général : « Je ne peux pas faire confiance aux directeurs car ils ne sont pas responsables » ;

– du côté des directeurs : « Nous sommes dans l'incapacité d'assumer nos responsabilités car le directeur général ne nous fait pas confiance. »

Savoir qui a commencé à pencher n'a strictement aucun intérêt; l'important est de permettre aux personnes de s'asseoir tranquillement au milieu du bateau, et donc de changer l'interaction. De même, il est plus important de déceler ce qui suscite l'incompréhension réciproque du directeur général et de ses directeurs que de savoir qui a raison.

Pour cela, il est en général nécessaire de faire appel à un extérieur, qui pourra briser l'interaction négative qui se produit. Toute personne faisant partie de l'interaction se verrait suspectée de parti pris si elle tentait de jouer ce rôle.

5. La communication peut être symétrique ou complémentaire

Cette différence dans la communication tient à la situation des interlocuteurs :

– soit les interlocuteurs sont sur un pied d'égalité, la différence entre les deux est minimisée, leur comportement est souvent le miroir l'un de l'autre ;

– soit les interlocuteurs occupent des positions différentes, l'une d'elles étant considérée comme haute et l'autre comme basse. C'est le cas de la relation professeur-élève, médecin-malade;
– si les deux interlocuteurs sont d'accord sur la complémentarité de la relation, celle-ci peut être stable;
– dans le cas contraire, il existe une tension qui peut rendre la communication difficile, voire impossible. Par exemple, une équipe dont le responsable se situe en supérieur (ancien paradigme), alors que les collaborateurs le positionnent en animateur.

6. Le paradoxe rend fou

Une épouse aimante achète deux cravates à son mari. Désireux de lui plaire, il en arbore une dès le lendemain. Dépitée, elle le regarde et lui dit : « Naturellement, tu n'aimes pas l'autre ! » Voilà le type même du paradoxe qui rend fou...

La communication est remplie d'injonctions paradoxales, c'est-à-dire d'ordres ou de demandes dont l'exécution non seulement est impossible mais place celui qui est censé obéir dans une situation intenable. Trois conditions caractérisent l'injonction paradoxale :
– une forte relation de complémentarité (voir principe 5), ou de dépendance économique, affective, psychique;
– une injonction à laquelle il faut désobéir pour y obéir, du genre : « Soyez spontanés ! » L'ordre ne peut en soi être exécuté sans s'auto-annuler. Bien souvent, l'injonction paradoxale est due à la contradiction entre le contenu du message et la relation : « Vous êtes libre de faire comme vous voulez », sous-entendu : « Mais si vous me respectez/m'aimez, c'est comme ça que vous allez faire »;
– l'impossibilité pour la personne en situation de dépendance d'en sortir, de rompre par elle-même le paradoxe.

En termes de management, des situations à fortes contraintes risquent vite de devenir paradoxales. Un exemple maintes fois entendu, concerne l'optimisation pour une équipe commerciale de la marge et du volume, avec la question : « À quoi faut-il donner la priorité? ». La réponse hiérarchique : « Débrouillez-vous, il faut les deux » place le vendeur dans une situation paradoxale car, lorsqu'il sera amené à faire *de facto* l'arbitrage, il pourra toujours lui être reproché de l'avoir fait dans le mauvais sens. La solution, en ce cas, consisterait à modifier l'interaction, par exemple, en élaborant des critères de choix et une politique d'ensemble; en définissant une marge d'autonomie dans le cadre des critères définis.

7. Pour bien communiquer, il faut savoir métacommuniquer

La *métacommunication* consiste à prendre du recul sur le processus de communication engagé et à pouvoir en parler; métacommuniquer, c'est communiquer sur la communication.

La métacommunication joue à plusieurs niveaux :
– dans le processus de communication, la relation est par rapport au message une métacommunication; elle vient le connoter;

– par rapport à l'ensemble de la communication, message et relation, la métacommunication est la parole sur la communication qui permet de l'analyser et, en cas de difficultés, de l'améliorer : c'est le cas, par exemple, de la prise de distance et du travail effectué par rapport à la ponctuation des séquences ou à l'injonction paradoxale.

D'une certaine manière, une intervention de *team building* est par essence une métacommunication.

3. Les types de personnalité

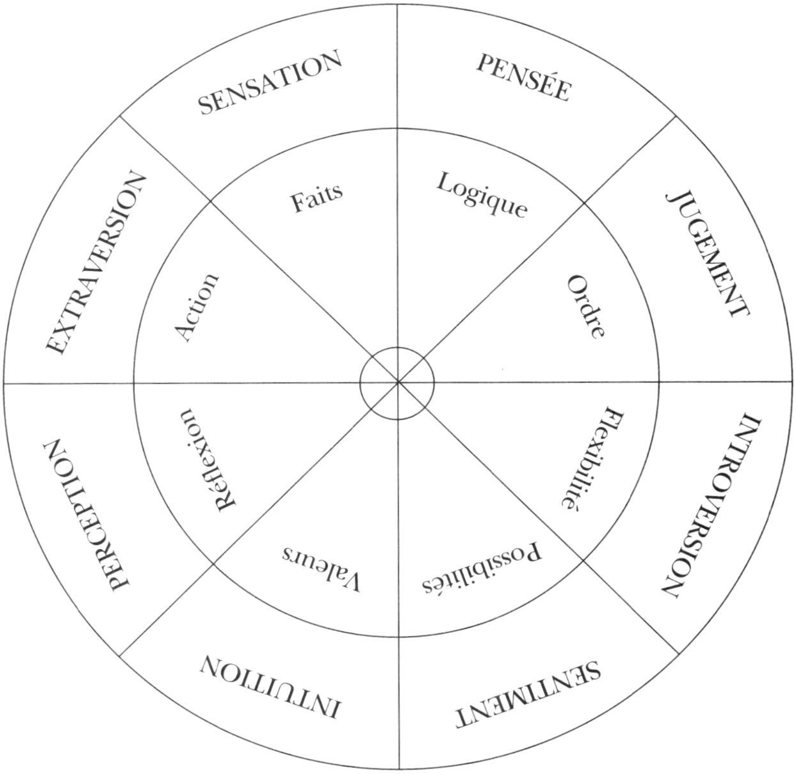

Principe

À partir de son expérience de praticien, Carl Jung a développé l'idée que les différences de comportement ne sont pas dues au hasard mais dépendent des préférences de chacun sur quatre dimensions, définies par des polarités opposées. La combinaison de ces préférences permet de définir des types qui ont leur dynamique propre d'évolution ; le modèle de Jung est en effet beaucoup plus dynamique que caractérologique. Il a pour but le développement des potentialités, qu'elles nous soient accessibles spontanément – et dans ce cas on parlera de préférences – ou à la suite d'une évolution personnelle.

Cette approche a été développée par Isabel Myers, qui en a tiré l'indicateur de personnalité actuellement le plus utilisé au monde (MBTI). Nous avons écrit dans cette collection un ouvrage *Les types de personnalité* qui décrit en détail cette démarche. Nous n'indiquons ici que quelques aspects relatifs à la vie du groupe.

Description

L'orientation de l'énergie

Cette dimension a trait à la manière dont nous tirons notre énergie, et dont nous l'investissons :
– les extravertis tirent leur énergie de leur environnement; dans la relation sujet-objet, ils sont d'abord motivés par l'objet;
– les introvertis tirent leur énergie de leur monde intérieur de pensées, de sentiments; dans la relation sujet-objet, ils sont d'abord motivés par le sujet.

	Extravertis	**Introvertis**
Ce qu'ils apportent au groupe	Dynamisme Facilité de contacts Goût de l'action Circulation de l'énergie	Concentration Réflexion Calme Attention
Ce en quoi ils peuvent gêner le groupe	Excès de parole Manque d'écoute Action irréfléchie Remarques blessantes	Absence d'expression Manque de réaction Ennui Distance et froideur

Les modes de perception

Cette dimension a trait à la manière dont nous collectons l'information. Elle se caractérise par deux pôles :
– la sensation : recherche des faits précis, attention pour le concret, le présent;
– l'intuition : recherche de la vision globale, attention pour le possible, le futur.

	Sensation	Intuition
Ce qu'ils apportent au groupe	Diagnostic précis Rigueur de l'observation Réalisme Sens de l'utilité	Capacité de vision à long terme Sens du global Imagination Compréhension des relations
Ce en quoi ils peuvent gêner le groupe	« Nez dans le guidon » Frein au changement Exacerbation des détails Exposés trop longs et détaillés	« Tête dans les nuages » Mépris de « l'intendance » Difficulté pour passer à l'action Discours abstrait, fumeux

Les critères de décision

Cette dimension concerne les critères en fonction desquels nous prenons nos décisions. Ils sont de deux types :

– la pensée : critères objectifs, impersonnels, généraux. La décision est prise plutôt en fonction de ce qui est vrai ;

– les sentiments : critères subjectifs, personnels, individuels. La décision est prise plutôt en fonction de ce qui est bon.

	Pensée	Sentiment
Ce qu'ils apportent au groupe	Esprit logique, rigueur Objectivité Recul par rapport aux événements et aux personnes	Sens des valeurs Compréhension des personnes Écoute, empathie Fidélité à l'éthique
Ce en quoi ils peuvent gêner le groupe	Froideur, impersonnalité Agressivité Compétition excessive Ignorance des sentiments	Manque de rigueur logique Excès de considérations personnelles Difficulté à prendre du recul

La gestion de l'espace et du temps

Cette dimension est influencée par la préférence pour :
– le jugement, entraînant méthode, organisation, planification ;
– la perception, entraînant souplesse, adaptation, flexibilité.

	Jugement	**Perception**
Ce qu'ils apportent au groupe	Méthode Suivi de l'action Organisation Respect des délais	Adaptation, réactivité Capacité d'improvisation Pas de décisions hâtives Effervescence, spontanéité
Ce en quoi ils peuvent gêner le groupe	Rigidité Maniaquerie Bureaucratie Sens exagéré du devoir	Non-respect des délais Désordre Contre-dépendance Manque de suivi

Utilisation

La typologie jungienne, dans ses aspects descriptif et dynamique, est certainement l'une des approches les plus efficaces en matière de *team building*. Elle permet en effet :
– d'identifier les différences de fonctionnement d'une personne à l'autre ;
– d'utiliser ces différences de façon complémentaire pour développer l'efficacité du groupe ;
– d'aider les membres du groupe et le groupe à évoluer.

Ses applications dépassent le cadre de la communication au sens strict, et s'étendent à l'ensemble de la vie de l'équipe (*leadership*, résolution de problème, etc.) puisqu'ils concernent tous les aspects de la vie psychique. La bonne utilisation de cette démarche nécessite une formation spécifique.

4. Les états du moi

Principe

L'analyse transactionnelle, créée par Éric Berne, est une des approches les plus connues et les plus efficaces pour identifier les rôles joués par les interlocuteurs au cours d'une séquence de communication. Elle s'appuie sur la deuxième topique freudienne (ça, moi, surmoi) pour distinguer différents états du moi, le parent, l'adulte et l'enfant, que nous pouvons tous adopter à un moment ou à un autre.

Description

On renverra pour le détail aux ouvrages publiés par Dominique Chalvin dans la même collection. Nous donnons ci-dessous un tableau des caractéristiques généralement attribuées à chaque état du moi.

États du Moi	Comportements	Langage non verbal	Langage verbal
Parent critique (PC) 	POSITIF : indique des normes : - applicables et utiles - découlant du contrat prévu dans les relations de travail - apportant sécurité et protection - souples et tolérantes - acceptant les exceptions valables NÉGATIF : indique des normes : - trop difficiles à appliquer - inutiles - arbitraires - humiliantes - rigides	Sourcils froncés, bras croisés, menton en avant, doigt tendu, bras au ciel Regarde en face et de haut Expressions indignées choquées, méprisantes ironiques Voix froide, autoritaire, tranchante, écœurée, intimidante, emphatique, pleine de colère, contenue, sentencieuse	Emploie des mots définitifs : jamais, toujours, rien, seulement, il faut, il ne faut pas, je vous ai déjà dit Généralise : les femmes, les jeunes, les ouvriers Commande et juge : c'est bien, c'est idiot, continuez, faites autrement, écoutez-moi Utilise proverbes : on n'est jamais mieux servi que par soi-même, aide-toi, etc.
Parent nourricier (PN) 	POSITIF : - donne de l'aide et c'est son rôle - est compétent - a plaisir à donner - répond à une demande et uniquement à la demande - fait moins de 50 % du chemin NÉGATIF (SAUVEUR) - ce n'est pas son rôle - n'a pas réellement de compétence - se force à donner de l'aide - personne ne lui demande - fait plus de 50 % du chemin	Bras sur l'épaule, tape dans le dos, bras ouverts Sourires, expressions compréhensives Voix douce Expressions compatissantes, attendries, apitoiement Voix mielleuse	Encouragement : c'est bien, Essayez, vous y arriverez, je vous comprends Donne des conseils, des recommandations Ce n'est rien, ce n'est pas grave, laissez, je m'en occupe Minimise

États du Moi	Comportements	Langage non verbal	Langage verbal
Adulte (A) 	- appréhende les faits sans préjugé ni illusion - expérimente, vérifie les hypothèses - analyse, déduit, raisonne - réalisme, pas d'idée préconçue - écoute, interrogation	Attitude détendue, ouverte, neutre Regard direct, voix calme et égale Peu d'émotions visibles	Pose des questions : où, quand, comment, pourquoi, quels sont les faits ? Phrases claires, concises, techniques, informatives ; déclarations brèves, franches, directes Distinctions faits/opinions
Enfant adapté (EA) 	POSITIF : - s'adapte aux normes et s'épanouit - obéissant tout en gardant esprit critique - à l'aise dans les relations - réaliste et débrouillard - clarté sur les sentiments NÉGATIF (enfant soumis) : - brimé par les normes - influençable et scrupuleux dans les détails - manque d'assurance - défaitiste et anxieux - confusion, manque de clarté	Respect sans servilité Regard direct, voix assurée Attitude recroquevillée, renfrognée, expression timide, gênée, boudeuse, voix peu assurée, marmonnante, plaintive	D'accord, je m'en charge Phrases courtes, claires Phrases en « on » : On ne s'occupe pas de moi, on aurait mieux fait Excuses : J'ai fait ce que j'ai pu, je n'y arriverai pas Phrases peu claires, récriminatrices
Enfant libre (EL) 	POSITIF : - spontanéité naturelle - simplicité, se montre tel qu'il est - créatif, remet tout en cause et trouve de : - nouvelles idées - autonomie acceptée par les autres, - passionné, motivé NÉGATIF (enfant rebelle) : - provocateur - agressif, esprit de contradiction - critique destructrice - S'oppose à toute autorité - impulsif, ne se contrôle pas	Riche, expressif, plein de sentiments immédiatement exprimés Regard vif, brillant, direct, reflète les émotions Voix haute, libre énergique, modulée Sentiments violents, colères soudaines Réactions démesurées Éclats de voix	Phrases brèves, jeux de mots, interjections, onomatopées. « Gros mots », ironie blessante

Utilisation

Une des principales applications dans le domaine de la communication est celle des « transactions », c'est-à-dire des relations possibles entre les différents états du moi. Ceci éclaire particulièrement bien les principes 3, 5 et 6 de la communication (voir ci-dessus).

On distingue ainsi trois catégories de transactions :

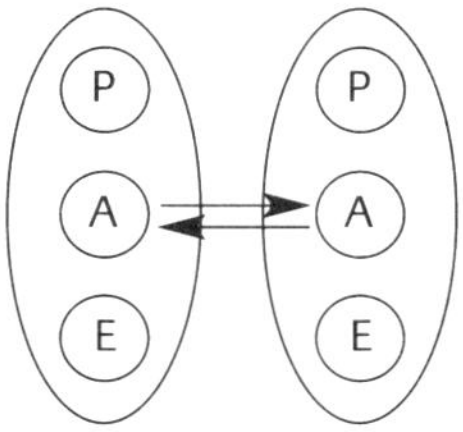

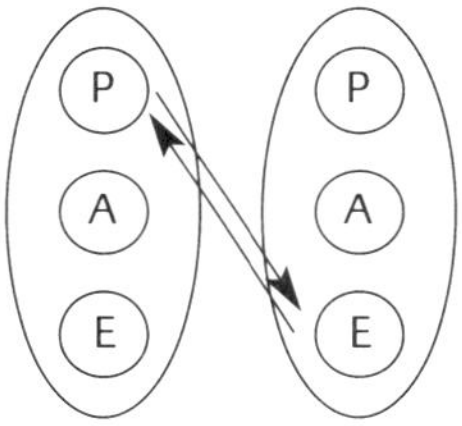

– *Les transactions complémentaires,* soit entre deux mêmes états du moi, soit entre deux états qui se correspondent. Exemples :

■ • relations entre adultes : *Le responsable :* « Vous avez pris la bonne décision. Bravo ! » – Le collaborateur : « Merci, c'est bien ce que je pensais qu'il fallait faire. »

• relations entre enfants : *X* : « Ras-le-bol de travailler, j'ai envie de prendre l'air » – *Y* : « Je t'accompagne, on va aller boire un café. »

• relations entre parents : rares, car le parent a tendance à chercher à dominer l'autre.

• du parent à l'enfant. *Le responsable* : « Je suis content que votre décision ait finalement été la bonne, car votre inexpérience en ce domaine me rendait très anxieux. » – *Le collaborateur* : « J'avais très peur moi aussi, mais je me suis dit que s'il y avait un problème, vous seriez là pour m'aider. »

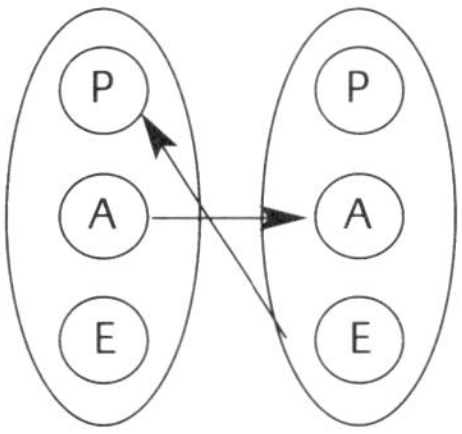

– *Les transactions croisées* : elles ont lieu quand l'un des interlocuteurs émet à partir d'un état du moi et que l'autre répond à partir d'un état non approprié.

■ Exemple : *Le patron* : « Je suis désolé, nous avons une réponse à appel d'offres à terminer rapidement. Pouvez-vous rester ce soir deux heures de plus pour finir la mise en page ? » – *La secrétaire* : « Ça y est, ça tombe encore sur moi. Je n'en ai pas déjà assez fait ? »

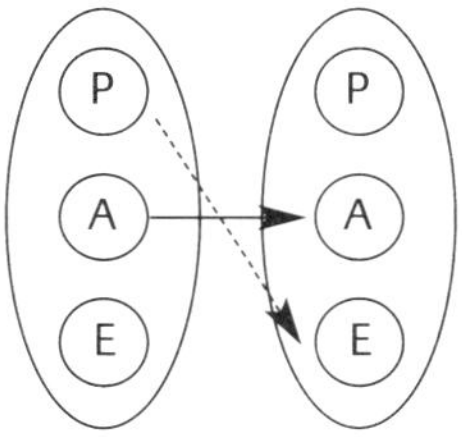

– *Les transactions ultérieures* : elles ont lieu quand la même personne envoie le message à partir d'un état du moi, mais se situe dans un autre état en termes de relation.

■ Exemple : *Le responsable* : « Je vous fais confiance pour traiter ce dossier » – et en même temps, demande deux fois par jour comment ça se passe.

L'accessibilité du vocabulaire de l'analyse transactionnelle la rend très opérationnelle dans les interventions, même si les participants n'ont pas eu une initiation particulière en ce domaine. En revanche, la simplicité ne doit pas faire illusion pour l'intervenant ; une formation est très souhaitable pour en faire une bonne utilisation.

5. Le triangle dramatique

Principe

Le triangle dramatique est un « scénario », étudié par Stephen Karpman, qui décrit un cycle d'interactions que l'on retrouve souvent, tant dans la vie professionnelle que dans la vie personnelle. Il décrit des positions qui peuvent être tenues par une ou plusieurs personnes, de façon permanente ou circulaire. En d'autres termes, on peut tenir soi-même les trois rôles, comme rester figé dans une manière de faire en cherchant à l'extérieur les personnages complémentaires qui vont nous aider à tenir notre rôle favori.

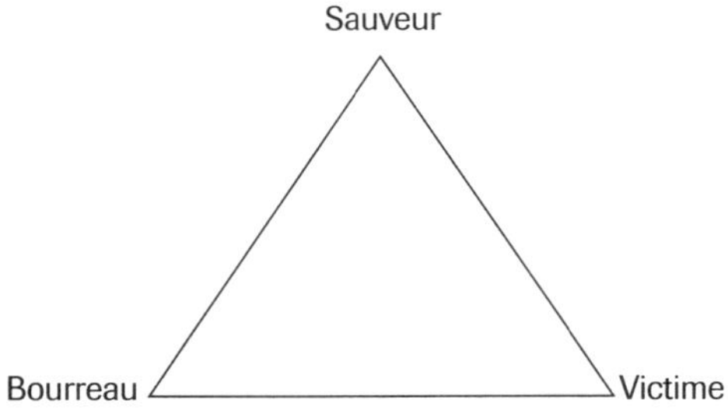

Description

Le jeu étant interactif, on peut entrer dans le système par n'importe quel point. Pour reprendre un principe de la communication, « la nature de la relation dépend de la ponctuation des séquences ».

Nous entrerons dans le système par la porte du sauveur, car elle est la plus camouflée. Bourreau-victime, on voit ce que c'est – sous la réserve que du bourreau et de la victime, le plus bourreau des deux n'est pas nécessairement celui qui en porte le nom.

Le sauveur, ou sauveteur, se définit par trois caractéristiques :
– *Une victime* : pour qu'il y ait sauveteur, il faut qu'il y ait quelqu'un à secourir. Mais ce quelqu'un est déclaré incompétent; s'il était compétent, il aurait à la rigueur besoin d'aide, pas de sauvetage. Pour se mettre en position de sauveteur, il faut juger que l'autre est une victime. Il existe des victimes réelles; mais le propre du sauveteur est de considérer toute personne sous son aspect victime, et non pas d'éveiller son aspect « autonomie ».
– *Une obligation* : le sauveteur a le sentiment qu'il doit intervenir, les choses reposent sur lui. Cette obligation est généralement ressentie comme une gêne, un malaise; on voudrait bien faire autre chose, mais on « se doit de... »; « Ah ! si je n'étais pas là ! » C'est ce qui distingue l'intervention du sauveur de l'acte authentiquement secourable, qui part d'un vrai désir d'aider quelqu'un qui en a réellement besoin.
– *Une dépendance par rapport à la victime* : en fait, le sauveur ne se sent exister qu'en raison du besoin qu'il suppose chez la victime. Il se justifie à travers la victime; supprimez-lui sa victime, vous lui supprimez sa raison d'être : sauver.

Ces bases posées, le jeu se déroule en quatre temps :
1. Le sauveur vient en aide à la victime :
– il n'a pas besoin d'y être invité pour ce faire ;
– il prend en charge la victime : en contradiction avec l'adage célèbre, le sauveur préfère donner du poisson qu'enseigner à pêcher.
2. Le sauveur se transforme en bourreau car :
– il a passé du temps à faire quelque chose qu'il n'avait pas vraiment envie de faire ;
– la victime n'est pas reconnaissante ; elle ne suit pas les conseils, ne veut pas se laisser sauver. La victime sauvée de force retombe toujours dans ce dont le sauveur veut la tirer.

Le sauveteur alors en veut à sa victime, est de mauvaise humeur, est en colère ; tous sentiments qu'il repousse du mieux qu'il peut, puisqu'il a affaire à une victime.
3. La victime devient le bourreau :
– elle n'aime pas qu'on lui fasse observer son incompétence, vraie ou supposée ;
– elle n'a rien demandé ;
– elle ressent la mauvaise humeur du sauveur, elle se rend compte qu'il est intervenu par obligation.
4. Le sauveur-bourreau devient alors la victime : « Ça valait bien la peine » – « Les gens ne sont pas reconnaissants. » Ce faisant, le sauveur-bourreau-victime essaie de culpabiliser la victime-bourreau, ce qui tend à la remettre dans son rôle de victime.

Utilisation

Le scénario ne se déroule pas toujours d'une manière aussi complète. Mais on en retrouve la trame dans de nombreuses interactions. Combien de responsables d'équipe traitent-ils leurs collaborateurs en assistés auxquels on ne peut accorder d'autonomie, pour mieux se plaindre ensuite d'être entourés d'ingrats et d'incompétents ?

Bien que les possibilités d'application de ce modèle soient très nombreuses, on veillera à ne l'utiliser qu'auprès de personnes susceptibles de l'entendre et d'en faire leur profit. Faute de quoi, il ne s'agirait plus que d'interprétation sauvage, peut-être justifiée sur le fond, mais totalement irrecevable dans la forme ; or, le seul message qui compte est celui qui est reçu…

6. Les attitudes d'écoute

Principe

Les différentes attitudes d'écoute dans la communication ont été très bien décrites par Porter. Il distingue trois groupes d'attitude :
– les attitudes d'influence : décision, évaluation, soutien ;
– les attitudes de non-influence : enquête, compréhension ;
– l'attitude d'interprétation, intermédiaire entre les deux groupes précédents.

Il n'y a pas, dans l'absolu, de bonnes ou de mauvaises attitudes. Ce qui compte c'est :
– d'être capable d'en changer, et non pas d'utiliser de façon exclusive l'une ou l'autre ;
– de choisir l'attitude adaptée à la situation et aux besoins de son interlocuteur.

Utilisation

Les attitudes de Porter permettent de bien éclairer les comportements d'écoute à l'intérieur d'un groupe, notamment les comportements répétitifs. Elles donnent la possibilité aux personnes concernées d'exprimer ce qui leur convient et ce qui les dérange.

Description

Attitude	Description	Avantages	Risques
Décision	Montre ce que l'autre ou le groupe doit faire Pousse à l'action en fonction de ses propres critères	Efficacité immédiate	Crée un état de dépendance
Évaluation	Indique ce que l'autre ou le groupe doit penser. Position de censeur moral	Exprime ce que l'on pense de ce qui vient d'être dit	Juge l'autre au nom de sa propre pensée
Soutien	Montre ce que l'autre ou le groupe doit ressentir. Compatit, rassure	Répond à un besoin de sympathie	Ne résout pas nécessairement les problèmes
Interprétation	Traduit et explique, interprète ce qui se dit ou se passe. Cherche une explication du comportement	Éclaire si bonne reformulation au moment approprié	Risque de déformation, peut être mal vécue
Enquête	Cherche des informations complémentaires, veut en savoir plus sur ce qui lui paraît important	Permet d'aller plus loin, de mieux comprendre	Risque d'enfermer l'autre dans un jeu de questions/réponses
Compréhension	Veut comprendre le problème de l'autre. Fait preuve d'empathie, vérifie sa compréhension	Solution ouverte permettant à l'autre de prendre en charge ses problèmes	Manque parfois d'efficacité immédiate

Le leadership

exposé 10

Le *leadership*, que l'on peut définir comme l'exercice du pouvoir ou de l'influence, est un des aspects les plus abondamment discutés du management et de l'animation d'équipes. C'est aussi l'un de ceux où les nombreuses études effectuées ont donné le moins de résultats facilement généralisables…

En simplifiant, on constate deux grands courants de pensée :
– *Le courant normatif* pour lequel un style de *leadership* – en général le management participatif – est meilleur que d'autres. On peut citer en ce sens les premiers travaux des disciples de Kurt Lewin, R. Lippitt et S. White, qui tendaient à montrer la supériorité du style démocratique sur les styles autoritaire et laisser-faire ; le « Système 4 » de Rensis Likert ; la théorie « Y » de Douglas McGregor ; la théorie « Z » de William Ouchi fondée sur l'exemple du management participatif à la japonaise ; et la grille de Robert Blake et Jane Mouton que nous présenterons plus en détail.
– *Le courant situationnel*, pour lequel il n'y a pas de style de *leadership* meilleur qu'un autre : l'exercice du pouvoir doit s'adapter aux circonstances et aux personnes auxquelles il s'adresse. On trouve cette approche chez Robert Tannenbaum, Warner Burke, P. Lawrence et J. Lorsch (dans ce cas plutôt sous l'angle organisationnel) et dans le *leadership* situationnel de Ken Blanchard, que nous développerons.

Selon notre expérience, les deux approches ne sont pas si opposées dans la pratique que leur énoncé pourrait le laisser croire. Dans une situation donnée, le management ne peut être que situationnel ; mais tendanciellement, il semble justifié d'incliner vers un management de type participatif. Trois raisons militent en ce sens :
– la valeur que l'on accorde aux personnes : le *leadership* participatif ou démocratique fait plus droit à l'autonomie, à la responsabilité et la dignité de la personne que les autres formes de management ;
– l'évolution de la société (voir exposé 8, le nouveau paradigme) qui va dans le même sens et que l'on doit prendre comme une donnée situationnelle ;
– l'efficacité, car gagner de la productivité en s'appuyant sur la créativité et la responsabilité du personnel exige un style de *leadership* approprié.

Indépendamment de ces deux modèles de base, d'origine américaine, nous présenterons le modèle que Philippe d'Iribarne expose dans *La logique de l'honneur*, modèle qui rend bien compte des spécificités du *leadership* tel qu'il s'exerce en France.

Nous ne proposons pas d'exercices pour ces différents modèles. Celui de Philippe d'Iribarne parce qu'il n'en existe pas à proprement parler, sauf à utiliser le modèle lui-même de façon empirique ; ceux de R. Blake/J. Mouton et K. Blanchard pour la raison inverse. Chacun de ces auteurs a en effet développé une approche complète que l'on trouvera auprès des cabinets qui les utilisent.

Le lecteur trouvera en revanche dans la partie « Applications pratiques » des exercices de sensibilisation (29 et 30), et une introduction aux instruments dits à « 360° » (exercice 31).

1. La grille managériale

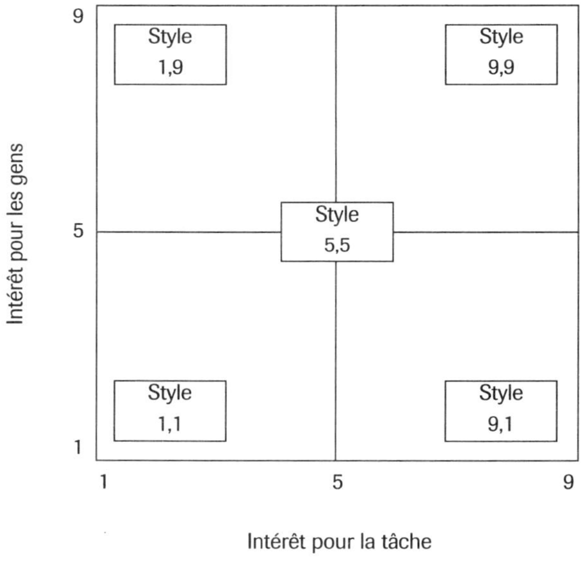

Principe

Robert Blake et Jane Mouton ont proposé une grille des styles de management fondée sur deux dimensions :

– l'intérêt pour la tâche,
– l'intérêt pour les gens.

Ces deux dimensions sont des continuums sur lesquels chaque manager peut se situer ; elles sont interactives et pour leurs auteurs représentent des attitudes plus que des comportements.

Description

Chacune des deux dimensions comporte 9 positions allant de 1, très faible à 9, très élevé. Dans la pratique, on tient compte essentiellement des niveaux 1, 5 et 9. La combinaison des 3 niveaux principaux sur chacune des dimensions donne 5 styles de management, désignés par 2 chiffres, le premier représentant le niveau sur la dimension « intérêt pour la tâche », le deuxième indiquant le niveau sur la dimension « intérêt pour les gens ».

Style 1,1. Ce style est proche d'un laisser-faire total. Le chef s'est coupé de son organisation et souhaite que ses collaborateurs agissent indépendamment de lui, sans solliciter son appui ou son expertise. Il cherche à « être présent tout en étant absent » ; au mieux, son rôle est celui d'un relais entre son propre supérieur et ses collaborateurs.

Style 1, 9. Il est orienté vers la satisfaction des personnes, la réalisation de leurs aspirations, l'harmonie du groupe. Les conflits sont évités au maximum, le chef a un rôle de soutien, de conseil, d'encouragement. La tâche est souvent considérée comme trop dure, et une certaine « souplesse » peut se manifester dans la réalisation.

Style 9,1. À l'inverse du précédent, le style 9,1 est entièrement orienté vers l'accomplissement de la tâche. L'autorité est ferme, sans contestation, elle exige obéissance. Le leader minimise le domaine des « sentiments », fait prévaloir sa volonté, et dirige de façon unilatérale.

Style 5,5. Ce style utilise logique et persuasion et joue la modération. Il s'appuie sur les habitudes et l'expérience et a de ce fait une certaine tendance à la bureaucratisation. Il opère par diplomatie et organisation et cherche à atteindre un équilibre satisfaisant entre les buts de l'entreprise et le moral du personnel.

Style 9,9. C'est le style préconisé par R. Blake et J. Mouton. Production et personnel sont liés et le style 9,9 est celui qui optimise les deux aspects, l'un par l'autre. Il ne s'agit pas ici d'obtenir un équilibre satisfaisant comme dans 5,5, mais de faire en sorte d'avoir un personnel motivé pour l'accomplissement de la tâche, tâche qui est en elle-même une source de motivation.

Utilisation

Le modèle de R. Blake et J. Mouton est bien connu. Il continue à présenter de façon claire des dimensions fondamentales du management et à éclairer les attitudes du manager. On peut l'utiliser comme grille de repérage, de façon intuitive ou comme instrument d'information à « 360° » (cf. exercice 31).

2. Le leadership situationnel

Principe

Le modèle du *leadership* situationnel a été élaboré initialement par P. Hersey et K. Blanchard et ultérieurement développé par Ken Blanchard pour mieux tenir compte des changements constants dans les organisations. Il est fondé sur deux idées principales :

– il existe des styles de management différents, en soi tous légitimes;

– il convient de les utiliser en fonction de la situation, et notamment de l'autonomie des personnes sur lesquelles s'exerce l'autorité.

Description

Les lois du leadership situationnel

L'efficacité d'un manager :

– passe par le développement des personnes dont il a la responsabilité;

– nécessite d'évaluer l'autonomie des personnes et des groupes;

– consiste à adopter à un instant donné le style qui convient le mieux;

– et à créer un partenariat avec ses collaborateurs pour leur permettre d'atteindre leurs buts et ceux de l'organisation.

L'autonomie des collaborateurs

L'autonomie se définit en fonction de deux critères :

– l'engagement, composé de deux éléments : la motivation à atteindre l'objectif et la confiance dans la capacité à le faire. La motivation se caractérise par l'intérêt, l'enthousiasme; la confiance, par le degré d'assurance, la conviction d'être capable;

– la compétence, définie par la connaissance acquise et l'aptitude à utiliser celle-ci dans l'accomplissement de la tâche. Elle s'acquiert par la formation, première et continue, et par l'expérience.

Selon que l'une et l'autre sont élevées ou basses, on obtient quatre cas de figure principaux, représentés sur le graphique ci-contre par les positions D1 à D4 :

■ - D1 : le débutant enthousiaste. La compétence par rapport à la nouvelle tâche ou à l'objectif est faible; mais la nouveauté et un certain manque de réalisme engendrent un engagement élevé.

- D2 : l'apprenant désillusionné. La compétence n'a pas encore eu le temps de beaucoup progresser, mais les premières difficultés ont amené une baisse de l'engagement.

- D3 : le collaborateur capable mais prudent. La compétence croît régulièrement, mais le doute demeure par moments; l'engagement est donc variable et passe par des hauts et des bas.

- D4 : l'expert autonome. Une compétence éprouvée et reconnue est liée à un engagement stable dans la durée.

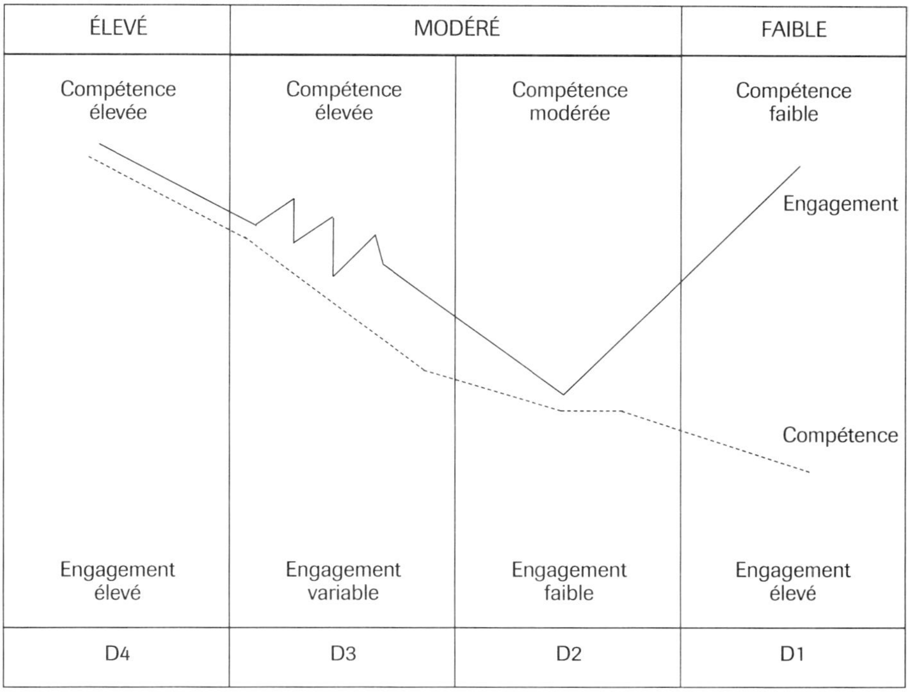

Ces positions ne sont pas acquises une fois pour toutes :

– Chacun parcourt les étapes de D1 à D4, s'il reçoit l'aide et les conseils appropriés; mais l'on peut aussi régresser par rapport à un même type d'objectif ou de tâche – ainsi de l'expert isolé à qui plus personne ne s'intéresse au motif qu'il se suffit à lui-même.

– La même personne peut se trouver à des niveaux différents selon la nature de la tâche ou de l'objectif : ainsi d'un expert autonome (D4) à qui l'on confie des responsabilités administratives pour lesquelles il peut se situer en D1.

Les styles de leadership

Le style de *leadership* est défini par les modes de comportement utilisés pour influencer les autres. Ces comportements appartiennent à deux catégories fondamentales, toujours utilisés dans la pratique en combinaison :

– Les comportements de type directif : ils sont centrés sur la façon d'accomplir la tâche et d'atteindre l'objectif. Leur but est d'obtenir le succès immédiat; ils consistent principalement à organiser, former, contrôler, structurer.

– Les comportements de type encourageant : ils sont centrés sur le développement de l'initiative et de la responsabilité chez les autres. Leur but est l'efficacité à long terme; ils consistent principalement à poser des questions, écouter, encourager, expliquer.

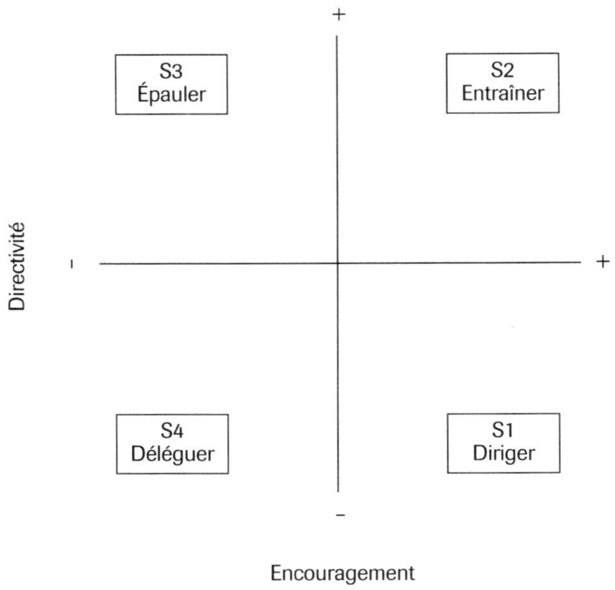

En plaçant ces types de comportement sur deux axes, et en distinguant dans chaque cas deux positions principales, faible et élevée, on obtient quatre styles de *leadership* principaux :

■ – S1 - Diriger. Le leader :
- fixe les objectifs ;
- répartit les tâches ;
- prend les décisions ;
- aide à l'apprentissage des compétences,
- assure un suivi rigoureux.

– S2 - Entraîner. Le leader
- fixe les objectifs ;
- explique les décisions ;
- demande des suggestions ;
- encourage ;
- assure le suivi.

– S3 - Épauler. Le leader :
- fixe les objectifs à travers un processus participatif ;
- demande des idées ;
- écoute ;
- développe l'autonomie ;
- assure le suivi.

– S4 - Déléguer.

- le leader établit le cadre général des objectifs avec le collaborateur,
- le collaborateur est autonome quant à la mise en œuvre,
- le contrôle est assuré selon des modalités arrêtées en commun.

Adéquation style et autonomie

À chaque niveau d'autonomie correspond un style qui lui est le mieux adapté.

■ – S1- D1. Diriger correspond à un niveau d'autonomie faible ; le collaborateur a besoin d'acquérir les compétences nécessaires ; son engagement élevé ne demande pas un soutien particulier.

– S2 - D2. Entraîner correspond au stade où les compétences encore sommaires demandent beaucoup de directivité et où la désillusion exige qu'un soutien élevé soit accordé à la personne.

– S3 - D3. Épauler convient au moment où la compétence en développement ne demande plus beaucoup de directivité mais où la confiance en soi encore faible ou variable nécessite un support continu et une aide à la motivation.

– S4 - D4. Déléguer est associé au niveau de développement d'un collaborateur autonome, compétent et motivé.

L'art du manager consiste alors à

– Évaluer le niveau de développement de chacun de ses collaborateurs pour chacun des objectifs qu'il a à atteindre, et qui peut être différent d'un objectif à l'autre.

– Adopter le style de management approprié, ce qui suppose qu'il sache « manier » les 4 styles. Ceci dépend à la fois :

- des capacités personnelles du manager et de la personnalité de ses collaborateurs : l'approche typologique développée plus haut vient ici élargir et enrichir les dimensions du modèle de K. Blanchard ;
- de son expérience, de sa formation et de sa volonté d'apprendre et d'évoluer.

Utilisation

Le « *leadership* situationnel » de K. Blanchard est un des modèles les plus concrets et les plus développés pour comprendre les conditions d'exercice de l'autorité et en améliorer la pratique. Ses concepts clairs et le rapport entre degré d'autonomie et style de *leadership* permettent de bien élucider une situation et de fournir des repères utiles à tout manager.

Le modèle connaît de très nombreux développements et applications, tant dans la relation de face à face qu'en groupe ou pour toute une organisation. Des outils spécifiques ont été élaborés, que l'on trouvera auprès des cabinets accrédités pour utiliser cette démarche.

3. La logique de l'honneur

Dans P. d'Iribarne, *La logique de l'honneur, Gestion des entreprises et traditions nationales*, © Éditions du Seuil, 1993.

Principe

Le modèle de Philippe d'Iribarne s'appuie sur une étude approfondie de la vie dans des usines à activité comparable en France, aux États-Unis et aux Pays-Bas. Il s'agit d'un des travaux interculturels les plus pénétrants faits en matière de management.

Concernant le modèle français, Philippe d'Iribarne constate que la société française en général, et par conséquent le management des entreprises en particulier, suivent ce qu'il appelle la logique de l'honneur, héritée de la société d'avant la Révolution.

En simplifiant fortement l'analyse d'Iribarne, la société se caractérisait alors par la notion d'ordres hiérarchisés : le roi, les trois ordres (clergé, noblesse et tiers État), et les distinctions à l'intérieur de ces ordres. Cette hiérarchie n'était pas nécessairement vécue de façon oppressante car à la notion d'ordre était associée celle d'honneur, c'est-à-dire de droits et de devoirs. Si le supérieur a des droits sur son inférieur, il a aussi par rapport à lui des obligations. Exercer les droits sans accomplir les devoirs, c'est déchoir à l'honneur.

L'autorité est donc légitime si chaque niveau respecte l'honneur et oriente l'exercice de son pouvoir vers le bien commun. En ce cas, l'obéissance et le respect vont de soi. Sinon, la fronde est un droit, voire un devoir. Il y a là une très bonne explication de ce que les managers anglo-saxons comprennent très mal dans le système français : l'essentiel n'est pas dans un code ou un contrat (qui est typique de la société marchande des États-Unis) mais dans la relation conforme à l'honneur que l'on peut avoir avec son supérieur.

Description

Sur cette base, Philippe d'Iribarne décrit trois formes d'autorité, qui perdurent :

– *L'autorité professionnelle*, fondée sur la compétence. Son exemple est la relation maître/compagnon. Le maître est le plus avancé dans le chemin de l'initiation professionnelle ; mais le compagnon est un clerc de la même confrérie, il n'est pas un inférieur, il est seulement moins avancé sur le chemin. L'autorité se fonde sur l'expérience, la connaissance et la fidélité aux traditions et aux valeurs du métier. On la retrouve à présent dans l'artisanat, les services d'entretien à forte compétence technique, les services de recherche, certaines professions de service.

– *L'autorité aristocratique*, fondée sur l'exemple. Elle s'inspire de la relation sous-officier/soldat. Le sous-officier n'a pas une compétence beaucoup plus grande que le soldat, mais il a payé de sa personne, il a l'expérience. Ses ordres sont régis par la règle militaire ; le soldat lui doit respect et obéissance comme lui les doit à l'officier. Cette autorité est assez typiquement celle des services de fabrication.

– *L'autorité servile*, fondée sur les rapports de force. Elle a pour modèle l'intendant du château qui a quitté sa condition d'origine pour se faire le maître d'œuvre des basses œuvres du seigneur vis-à-vis des paysans. Il a trahi son état ; il est craint en même temps que méprisé. Sa traduction actuelle est le « petit chef », celui dont l'autorité n'existe que parce qu'elle lui vient d'au-dessus.

Il est bien clair que les deux premiers modèles sont conformes à la logique de l'honneur, et que le troisième ne l'est pas.

Utilisation

On pourra très facilement utiliser le modèle de Philippe d'Iribarne sous forme d'un triangle de Pascal. Il n'existe guère dans la réalité de style pur, mais un mélange penchant vers l'un ou l'autre pôle. On situera donc un point à l'intérieur du triangle, qui soit à une distance de chaque pôle proportionnelle à la part prise par chaque type d'autorité. Voici deux exemples tirés de notre pratique :

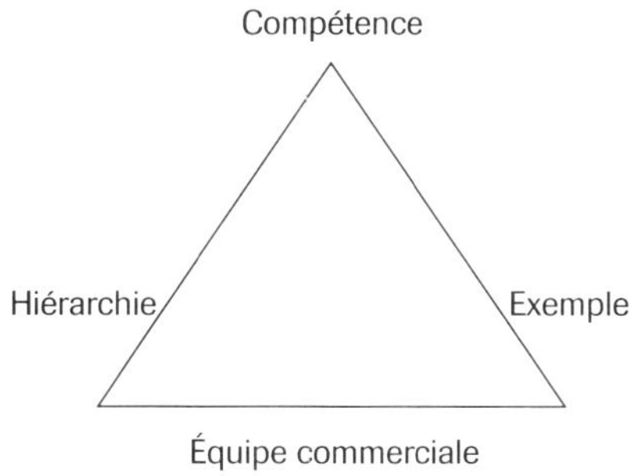

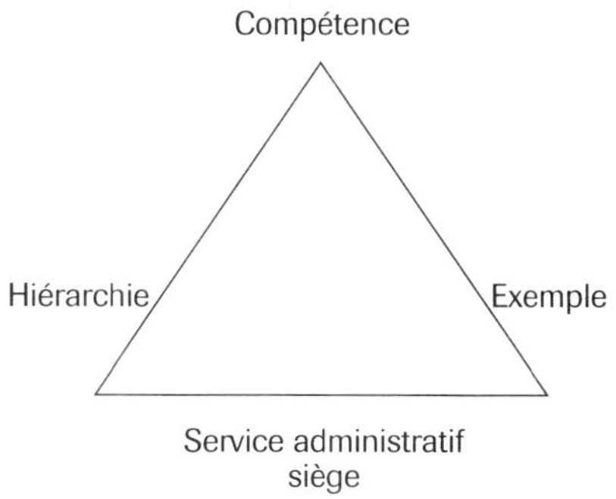

Les processus liés à la tâche

exposé 11

Les processus liés à la tâche concernent les méthodes et démarches utilisées par le groupe pour l'accomplissement direct de sa tâche et l'obtention de ses objectifs. Ce sont des techniques, ou des procédures, qui facilitent et simplifient le travail du groupe, indépendamment des processus relationnels qui ont fait l'essentiel de notre exposé jusqu'à présent.

Nous aborderons ainsi :
– la fixation des objectifs;
– la clarification des rôles et des tâches;
– la résolution de problèmes;
– la conduite de réunions.

1. La fixation des objectifs

Fixer les objectifs est une activité clé de tout management. Selon le proverbe bien connu, « il n'est pas de vent favorable pour le marin qui ne sait où il va ». Les objectifs peuvent être fixés par le responsable seul de l'équipe, ou après discussion avec les personnes concernées, ou sur leur proposition, ou directement par celles-ci à l'intérieur d'un cadre général. Toutes les modalités sont possibles; elles dépendent du style de *leadership* adopté, de la compétence et de la motivation des membres de l'équipe, de la culture de l'entreprise. Quelles qu'elles soient, un certain nombre de points doivent être pris en compte que nous résumons par l'acronyme « OGRRE ».

O : Objectif, ce que l'on cherche à atteindre, le but que l'on se fixe. Un bon objectif doit répondre à la règle des « 3 P » :

■ – ***Positif*** : il doit être exprimé en termes de ce que l'on veut obtenir, et non en termes de ce que l'on veut éviter. La réduction des coûts n'est pas un objectif : c'est un moyen pour améliorer la rentabilité. On motive par ce qui est positif, non par ce qui est négatif.

– ***Précis*** : l'objectif doit être identifié clairement; on doit pouvoir savoir quand il est atteint. D'un objectif précis découlent facilement les critères permettant de déterminer si on est sur le chemin de sa réalisation. Les objectifs quantitatifs peuvent être en général facilement précisés ; pour les objectifs qualitatifs, il est utile d'établir des indicateurs, si possibles chiffrables, même s'ils ne représentent pas l'essence de l'objectif. Si celui-ci est par exemple l'amélioration de la qualité de l'accueil, on pourra choisir des indicateurs tels que le temps d'attente des correspondants au téléphone, le nombre de renvois avant l'obtention du bon interlocuteur, etc.

– ***P****ossible* : l'objectif doit être réaliste. Il doit être suffisamment élevé pour nécessiter un effort, se situer au-delà de ce qu'il est facile de faire, sans pour autant être hors de portée de celui qui est chargé de l'atteindre ; ce serait un moyen très sûr de le décourager.

G : gain, ce que l'on retire de l'obtention du résultat, le bénéfice attendu. C'est en fait le facteur motivant. Un objectif d'augmentation de 5 % de parts de marché pour un produit donné n'a de sens que si l'on sait ce qu'on en retire : un plus grand profit, la croissance de l'entreprise permettant une plus grande solidité... Cette question soulève ainsi celle des valeurs et du sens que se donne l'entreprise. À quelle finalité correspondent les objectifs? On se référera à l'exposé sur les valeurs. La question du « gain » ou bénéfice, soulève aussi celle plus matérielle de son partage. Quelle sera la part de rémunération proportionnelle, de participation, d'intéressement? Les critères de répartition seront-ils strictement individuels, ou tiendront-ils compte de l'équipe?

R : risque, ce que l'on peut perdre en atteignant l'objectif. C'est le symétrique du point précédent, mais il est souvent occulté. Or, c'est l'inconvénient inhérent à la réalisation de tout objectif qui est le plus grand frein à son obtention. Il ne s'agit pas ici des obstacles à la réalisation, mais bien des défauts entraînés par le résultat positif même. Augmenter les parts de marché de 5 % va peut-être signifier un surcroît de travail (sans moyens supplémentaires) ; ou entraîner une position de leader qui rendra la politique de fixation des prix plus délicate, avec des responsabilités et des risques d'erreur plus grands...

R : ressources, ce dont l'on va avoir besoin pour surmonter les obstacles et atteindre l'objectif. Les ressources se calculent en termes de personnel, de temps, d'informations, de moyens matériels et financiers.

E : étapes, c'est-à-dire l'ordre dans lequel on va agencer la mise en place des moyens pour atteindre l'objectif. Il s'agit pratiquement du plan d'actions (voir exercice 43).

2. La clarification des rôles et des tâches

La clarification des rôles (la fonction assurée par quelqu'un dans le groupe) et des tâches (ce que chacun accomplit concrètement) intervient principalement à deux moments de la vie d'un groupe :

– à son lancement, quand il s'agit de situer chacun et de faciliter le démarrage du travail;

– en cours de fonctionnement, quand surgissent des problèmes de chevauchements ou surtout de « trous », activités qui ne semblent être du ressort de personne.

Deux méthodes principales peuvent être utilisées :

– la « négociation » : chacun, ou chaque sous-groupe de l'équipe, exprimera ses attentes par rapport aux autres. Le rapprochement permet de dégager les points d'accord immédiat et les points qui doivent être négociés. Cette démarche est décrite dans l'exercice 28;

– la matrice : on mettra en colonne les membres de l'équipe et en ligne les activités. Un code sera porté dans chaque case pour déterminer la part prise par chaque membre dans les activités. Un exemple est donné dans l'exercice 32.

3. La résolution de problèmes

Résoudre des problèmes est une activité de base de toute équipe; c'est même souvent ce sur quoi on juge de son efficacité.

Les méthodes de résolution de problèmes sont nombreuses et il existe en ce domaine une bibliographie très développée. Fidèle à notre propos, nous exposons deux démarches pratiques dont nous avons éprouvé l'efficacité.

La méthode Delbecq

Cette démarche a été initiée par André Delbecq[1].

Elle combine deux aspects :

– une alternance de temps de travail individuel et de temps de travail collectif;

– une séquence ordonnée d'étapes pour résoudre un problème.

Cette méthode est résumée dans l'exercice 12.

Cycle et outils de résolution de problèmes

De façon plus ouverte que la méthode Delbecq, la résolution de problèmes peut être présentée comme un cycle comprenant 4 étapes principales; à chacune de ces étapes correspondent des outils particulièrement adaptés.

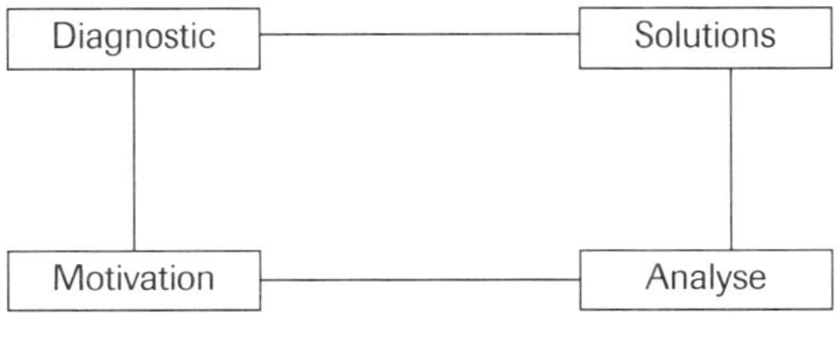

1. Nous l'avons présentée en 1976 dans le n° 3 de la revue *Direction et Gestion.*

Étape 1. Diagnostic

Elle consiste à définir le problème à résoudre, à en décrire les tenants et les aboutissants. C'est une phase descriptive, factuelle.

On utilisera comme principaux outils :

– les 6 questions permettant de faire le tour des principaux points – Exercice 33

– le diagramme « causes-effets », pour inventorier et ordonner les causes d'un problème – Exercice 34 ;

– le diagramme de Pareto, pour repérer les causes qui, en raison de leur importance, mériteront un traitement prioritaire – Exercice 35.

Étape 2. Recherche de solutions

Elle consiste à rechercher, sans contrainte, toutes les solutions qui pourraient s'appliquer au problème. C'est le stade de la créativité.

On pourra utiliser comme outils :

– le *brainstorming* ou « remue-méninges » selon la traduction de l'Académie française, technique de base pour recueillir le maximum d'idées en un temps court – Exercices 36 et 37 ;

– la démarche analogique, pour chercher des idées nouvelles à partir d'autres domaines du savoir que celui dont relève le problème étudié – Exercice 38 ;

– les matrices combinatoires, pour dégager des lois d'assemblage et déceler les combinaisons non encore exploitées – Exercice 39.

Étape 3. Analyse

Elle consiste à passer au crible de la logique les solutions qui ont été évoquées pour déterminer la meilleure, celle qui présente le meilleur ratio coût/rendement.

On pourra utiliser comme outils :

– l'analyse multicritères, méthode de base susceptible de développements élaborés – Exercice 40 ;

– l'attribution de points, démarche simple et pratique qui permet de faire rapidement le point sur la position du groupe – Exercice 41.

Étape 4. Motivation/communication

Cette étape est très souvent négligée dans les traités de résolution de problème. On sous-entend que, dès lors que la bonne solution est arrêtée, « il n'y a plus qu'à exécuter ». La pratique montre que ce n'est pas si simple.

On tiendra pour règle essentielle qu'à ce stade du processus de résolution de problème, la motivation est d'autant plus élevée et la communication d'autant moins nécessaire, que l'implication des personnes concernées aura commencé en amont. Tout temps dépensé lors de l'élaboration de la décision est du temps gagné lors de l'exécution.

S'il s'avère cependant nécessaire de mener une action spécifique à ce niveau – et c'est toujours le cas à des degrés divers, nous proposons comme guide de démarche la fiche présentée dans l'exercice 42.

Remarques

Le cycle de résolution de problèmes en quatre étapes et les outils qui y sont rattachés doivent être pris comme des indications de tendance et non comme des impératifs à respecter coûte que coûte. Pratiquement :

– le *cycle* est itératif : on le parcourt à plusieurs reprises, en approfondissant à chaque fois à partir de la résolution apportée à un premier aspect du problème ;

– *l'ordre* dans lequel il a été ici décrit est logique, mais n'est pas nécessairement celui suivi en pratique : les étapes peuvent se chevaucher, être abordées dans un ordre différent, selon l'inspiration du moment. La rigidité tue la bonne résolution créative de problème ;

– les *outils* évoqués conviennent principalement mais non exclusivement à une phase ; un même outil peut être utilisé de différentes manières.

4. La conduite de réunions

La réunion est un temps fort de la vie du groupe, probablement le plus visible. C'est le moment de la rencontre du groupe, celui où il se voit et se donne à voir en tant que tel. C'est aussi le moment dont on se plaint beaucoup, tant en ce qui concerne la quantité des réunions – la « réunionite » est une maladie fréquemment dénoncée – que leur qualité.

Il existe, notamment dans la présente collection, d'excellents ouvrages de conduite de réunion. Nous n'avons pas pour ambition de les reprendre ou de les résumer ici ; notre propos est plus simple : rappeler les principes les plus importants et les plus fréquemment transgressés.

1. Utiliser la réunion quand elle est le moyen le plus approprié

Cette vérité évidente sur le papier l'est moins dans la pratique où les réunions sont encombrées très souvent par la transmission d'informations. On commencera donc par éliminer d'une réunion tous les points inscrits à son ordre du jour qui peuvent être traités de manière plus économique. Fondamentalement, une réunion est utile quand une interaction est nécessaire entre les membres du groupe.

Si pour diverses raisons, des points de nature différente (transmission d'informations, recueil de suggestions, discussions) doivent être traités au cours d'une même réunion, on veillera à bien les différencier et à leur impartir un temps proportionnel à leur importance – temps qui devra être respecté ! On se méfiera des « informations diverses » données par le responsable qui ont souvent une fâcheuse tendance à déborder !

2. Varier les modalités de réunion

Dans la vie d'un groupe, il y a deux grandes catégories de réunions :
– Celles qui concernent l'ensemble de l'équipe, même si certains points présentent moins d'intérêt pour l'un ou l'autre membre. Ce sont des réunions régulières, qui traitent du fonctionnement général et des problèmes communs. Il n'y a pas de règle universelle sur la fréquence de ces réunions. Une réunion de deux heures tous les 15 jours est une moyenne fréquemment observée ; en tout état de cause, le groupe peut modifier la fréquence en fonction de ses besoins.
– Celles qui concernent des sous-ensembles de l'équipe. On veillera alors à convoquer les personnes concernées, ce qui veut dire :

- toutes les personnes concernées,
- et rien que les personnes concernées.

Les réunions souffrent beaucoup des participants inutiles ou qui sont là « pour s'informer ». Il convient de prévoir, pour ces derniers, les moyens de les tenir informés autrement que par la participation à la réunion.

3. Fixer en commun quelques règles et s'y tenir

Les réunions sont d'autant plus efficaces que :
– le groupe aura fixé en commun les règles de fonctionnement des réunions ;
– ces règles seront en nombre limité ;
– et qu'elles seront scrupuleusement respectées. La non-application d'une règle est non seulement gênante parce qu'elle entraîne un mauvais fonctionnement sur un point précis mais surtout parce qu'elle jette le discrédit sur l'ensemble des autres points de fonctionnement.

4. Quelques règles essentielles…

Parmi les règles qui suivent, le groupe choisira celles qu'il respecte le moins et dont le non-respect entrave le plus son fonctionnement. Il ne s'agit pas d'établir pour chaque équipe un guide exhaustif de réunion, mais de repérer les principales difficultés.
– Adresser suffisamment à l'avance une convocation indiquant :

- l'objectif ;
- l'ordre du jour ;
- le lieu (qu'on aura pris soin de réserver) ;
- la date et l'heure ;
- la durée probable de la réunion ;
- la liste des personnes invitées et leur fonction.

– Prévoir la répartition des rôles : décideur, animateur, secrétaire chargé du procès-verbal. Les fonctions d'animateur et de secrétaire peuvent être exercées à tour de rôle par chaque membre du groupe.

– Respecter les horaires de début et de fin : ce point anodin en apparence est une des plaies des réunions. Il est souvent révélateur de difficultés plus profondes.

– Si le groupe connaît des difficultés dans le déroulement de la réunion, il peut être utile :

• de faire appel pour un certain temps à un animateur extérieur;

• de faire suivre à l'ensemble du groupe une formation à la conduite de réunions et à la bonne participation.

– Résumer, séance tenante, les résultats de la réunion (accords et décisions, constat de désaccord, suivi).

– Assurer la diffusion d'un compte rendu bref et précis, tant aux personnes présentes qu'à celles qui doivent être tenues informées.

Conclusion

Lorsqu'on demande à des groupes de donner une image de l'équipe qui fonctionne bien, celle à laquelle ils voudraient ressembler, les exemples qui reviennent le plus souvent sont l'équipe sportive, l'orchestre, l'équipage d'un bateau.

Il en ressort des traits communs, fortement marqués, qui constituent les conditions d'existence et de réussite de l'équipe. Construire et développer une équipe, « faire du *team building* », c'est en fait traiter, dans une démarche volontaire et globale, ces différents aspects de la vie de l'équipe. Notre ambition, dans cet ouvrage, a été de fournir des outils, des concepts, permettant de les aborder avec les meilleures chances de succès.

Ces caractéristiques concernent d'une part les processus liés à la tâche :

– un objectif bien défini, poursuivi par tous. C'est là sans doute la pierre d'angle d'une équipe, à la fois la condition majeure et le résultat à obtenir. C'est ce qui rend si attractif l'orchestre ou l'équipe sportive : il n'y a pas d'hésitation sur la musique à jouer ou le match à gagner. Ceci implique à la fois une réflexion continue sur les valeurs fondamentales de l'équipe et un processus clair de fixation des objectifs ;

– des rôles clairement attribués. Dans l'orchestre, chacun joue d'un instrument et le premier violon n'est pas le deuxième violon ; dans l'équipe sportive, chacun a une place précise et s'y tient – il ne s'agit pas de jouer « perso » ;

– un *leader* qui sait orienter les énergies, les « focaliser ». Non pas un petit chef qui fait appliquer un règlement – ce qui n'est utile qu'en dernier recours – mais un animateur qui aide chacun à tirer le meilleur de lui-même pour le bien de tous.

D'autres caractéristiques concernent la vie même du groupe :

– une motivation individuelle forte, qui est en fait la résultante de plusieurs facteurs : accord avec l'objectif du groupe, reconnaissance des compétences propres par un rôle et une fonction appropriés, autonomie reconnue par le leader, fonctionnement harmonieux du groupe.

– un réseau de communications qui, tout à la fois, valorise chaque individu dans sa spécificité en lui donnant sa pleine capacité d'expression et permette de faire circuler les informations nécessaires à la bonne marche de l'équipe;
– une grande capacité d'évolution et d'adaptation, qui lui permettent d'intégrer de nouveaux membres, de s'adapter aux évolutions de l'environnement, voire de les devancer. Au-delà de la lucidité des individus, cela nécessite une prise de conscience du groupe lui-même sur son propre fonctionnement.

C'est en travaillant sur ces différents aspects, en prenant les moyens appropriés que nous avons décrits, que se crée un véritable esprit d'équipe, permettant d'allier l'efficacité et le plaisir.

Deuxième partie

APPLICATIONS PRATIQUES

Conseils Pratiques

Utilisation des exercices

Les exercices qui suivent ne présentent aucune difficulté particulière d'animation. Cependant, on se rappellera la règle de l'expérimentation préalable : « Ne jamais faire faire à d'autres ce que l'on n'a pas d'abord expérimenté soi-même. » Cette règle est particulièrement importante pour toutes les activités impliquant le corps.

Matériel

Le *kit* du « parfait animateur » comprend :

- des crayons feutre noirs ou bleus pour écrire sur les Post-it ;
- des crayons feutre de toutes les couleurs ;
- des crayons feutre de toutes les couleurs pour transparents ;
- des marqueurs épais pour *paper board* ;
- des feuilles de papier A4 ;
- des réserves de *paper board* (3M fabrique actuellement des *paper board* adhésifs utiles lorsqu'on ne dispose pas de chevalets) ;
- des Post-it grand format ;
- des transparents pour écriture à la main ;
- de l'adhésif transparent Scotch ;
- de l'adhésif Tesa (qui ne laisse pas de trace sur les murs fragiles) ;
- de la gomme adhésive ;
- des punaises, des épingles, pour affichage dans certains matériaux (feutrine, moquette) ;
- des cartons de différentes couleurs, ronds (diamètre environ 20 cm) ou ovales (de taille équivalente) ;
- une paire de ciseaux ;
- un cutter.

Le matériel spécifique pour certains exercices est signalé dans la description de ces exercices.

Avez-vous besoin d'un consultant ? 1

➤ *Voir Exposé 1*

Pour savoir s'il vous est utile de faire appel à un consultant extérieur, vous pouvez vous poser les questions suivantes :

1. Le groupe dispose-t-il des connaissances nécessaires en matière de *team building* ?
2. Le groupe a-t-il l'habitude de parler directement de son mode de fonctionnement ?
3. Le groupe est-il capable de traiter de façon différenciée son objectif et son processus ?
4. Le manager se sent-il la capacité de jouer à la fois le rôle de décideur et celui d'animateur ?
5. Les membres du groupe sont-ils prêts à parler librement de leurs difficultés, sans avoir besoin d'une démarche pour les y aider ?
6. Le style du manager est-il totalement cohérent avec la démarche de *team building* ?
7. Les membres du groupe sont-ils conscients de l'origine des difficultés qu'ils peuvent rencontrer dans leurs relations ?

Corrigé p. 188

Grille de diagnostic

2

➤ *Voir Exposé 2*

Cette grille liste les questions fondamentales à se poser au démarrage d'une action de *team building*. Elle permet d'en définir le champ et les axes principaux. Elle n'est bien entendu pas limitative.

Les enjeux

Quels sont les enjeux de l'action engagée pour :
– l'entreprise ;
– la hiérarchie ;
– chaque membre du groupe ?

Les invariants

Quels sont les éléments, internes ou externes au groupe qui ne seront pas affectés ou modifiés par l'action de *team building* mais qui peuvent avoir de l'influence sur celle-ci ?

Les contraintes prévisibles

• Quelles sont les contraintes relatives (que l'on peut contourner) ?
• Quelles sont les contraintes lourdes qui vont limiter la marge de manœuvre et qui sont difficiles à contourner ?
• Comment lever, détruire ou réduire les blocages et les résistances ?

Les besoins nouveaux, les carences à combler

• Quels nouveaux types de besoins pour le groupe vont apparaître avec l'action de changement ?
• Quelles sont les principales carences qu'il faudra combler ?

Les relations de pouvoir

- Qu'est-ce que l'action de *team building* va ou peut changer dans les relations de pouvoir ?

Potentialités

- Sur quelles potentialités peut-on s'appuyer pour développer le changement dans l'entreprise ?
- Quels sont nos atouts ?

La dynamique des champs de force

- Forces de changement.
- Forces antagonistes.

Cet exercice ne fait pas l'objet d'un corrigé

Présentation simple

3

➤ *Voir Exposé 4*

Chaque participant à tour de rôle fournit des informations le concernant.

La nature de ces informations peut être laissée à la libre initiative de chacun ou suivre des indications, adaptées à l'objectif du séminaire.

Corrigé p. 188

Présentation croisée

4

➤ *Voir Exposé 4*

Répartir les participants par groupes de deux.

Dans chaque groupe de deux, l'un interviewe l'autre pendant 5 minutes et réciproquement.

En grand groupe, chacun présente à tour de rôle la personne qu'il a interviewée.

Corrigé p. 188

Faire connaissance

5

➤ *Voir Exposé 4*

Règles

1. Rien de ce qui est dit ne sortira du groupe.
2. Chacun des deux partenaires répond à chaque question ; un partenaire commence par les énoncés pairs et l'autre par les énoncés impairs.
3. Prendre les questions dans l'ordre. Ne pas en sauter ; mais il est toujours possible de ne pas répondre à une question.

1. Je m'appelle…
2. Je suis né le… à…   Pour connaître quelqu'un, il faut l'écouter. Le meilleur moyen de vérifier que vous l'avez bien compris est de reformuler, c'est-à-dire d'exprimer dans vos propres mots ce qui vous a été dit. À partir de maintenant, c'est ce que vous ferez à tour de rôle pour chacune des réponses faites aux questions qui suivent.
3. Je suis ici parce que…
4. Quand je me trouve dans un nouveau groupe, je…
5. Dans un groupe, j'attends du *leader* qu'il…
6. Pour moi, appartenir à un groupe c'est…
7. Ce qui me déplaît le plus dans un groupe, c'est…
8. Le meilleur patron que j'ai eu…
9. J'attends de ce séminaire…
10. Je pense que tu me perçois comme…
11. Je te perçois comme…
12. J'ai trouvé cette expérience…

Maintenant, prenez quelques minutes pour faire le point individuellement :

– de ce que vous avez appris sur vous-même ;

– de ce que vous avez appris sur votre partenaire.

Préparez ensuite ce que vous allez dire à l'ensemble du groupe pour présenter votre partenaire. S'il y a quelque chose que vous ne souhaitez pas voir répété, dites-le à votre partenaire.

Corrigé p. 189

Présentation circulaire

6

exercices

➤ *Voir Exposé 4*

Chacun à tour de rôle présente l'un des membres du groupe qu'il connaît :
• il indique à quoi lui fait penser cette personne (voir portrait chinois) ;
• il en donne les raisons.

Corrigé p. 190

Présentation collective 7

➤ *Voir Exposé 4*

Pour chaque personne à tour de rôle, les autres membres du groupe indiquent :

- ce qu'ils savent d'elle ;
- ce qu'ils aiment en elle ;
- ce qu'ils aimeraient savoir d'elle au cours du séminaire.

L'animateur :

- utilise une page *flip chart* par participant ;
- note tout ce qui se dit ;
- affiche la page sur le mur.

Ce support peut être utilisé de façon continue au cours du séminaire (découverte du type psychologique, élaboration d'un plan d'action individuel...).

Corrigé p. 190

Portrait chinois

8

➤ *Voir Exposé 4*

Faire décrire chaque membre du groupe par les autres sous la forme « si c'était » en utilisant l'un ou l'autre élément de la liste suivante (qui peut être élargie !) :

- un animal ;
- une fleur ;
- un arbre ;
- un personnage célèbre ;
- un métier ;
- un outil, etc.

Les analogies portent sur les qualités des personnes décrites.

Corrigé p. 190

Présentation : ouverture/feedback

9

➤ *Voir Exposé 4*

1. Donner à chaque participant une feuille de tableau de papier sur laquelle il inscrit :
• son prénom ;
• un mot décrivant son état d'esprit au début du séminaire.

2. Faire afficher toutes les feuilles de papier sur les murs de la salle de réunion.

3. Distribuer des Post-it de grande taille et demander à tous les participants d'écrire, sur les Post-it, trois qualités pour chacun des autres participants.

4. Faire afficher les Post-it sur les feuilles portant les noms des participants.

5. Lire collectivement chacune des feuilles :
– en permettant à chacun de préciser ou commenter ce qu'il a écrit ;
– en donnant le temps à la personne concernée (celle dont on lit la fiche) :
• de réagir et de poser des questions,
• d'indiquer ses attentes par rapport au séminaire.

Ce support peut être utilisé et complété à d'autres moments du séminaire (découverte du type psychologique, élaboration d'un plan d'action individuel...).

Corrigé p. 191

Objet familier

10

➤ *Voir Exposé 4*

1. Demander à chaque participant d'apporter au séminaire un objet qui représente un aspect de lui qu'il désire faire connaître.

L'instruction peut être la suivante :

« Afin de permettre une meilleure connaissance réciproque, vous êtes convié à choisir et apporter au séminaire un objet significatif de vous-même (ou si ce n'est matériellement pas possible, une représentation de l'objet). Cela peut concerner un aspect de votre vie que vous avez envie de partager, un souvenir, un *hobby* ou tout autre élément à votre convenance. Vous aurez un moment pour en parler, de la manière qui vous conviendra le mieux. »

2. Chacun, à tour de rôle, présente l'objet en quelques minutes :
- ce qu'il est ;
- pourquoi il l'aime ;
- ce qu'il signifie pour lui.

3. Discussion générale : ce que chacun a appris sur soi et sur les autres.

Pour cet exercice, il convient de prévoir un temps suffisamment ouvert pour laisser la parole se développer. Le soir après le dîner d'un premier jour de séminaire convient parfaitement.

Cet exercice ne fait pas l'objet d'un corrigé

Démarche d'établissement d'un diagnostic commun

11

➤ *Voir Exposé 4*

Cet exercice propose une démarche simple et souple pour permettre à un groupe d'établir en commun un diagnostic sur son fonctionnement. Les étapes en sont les suivantes :

1. Définir le champ du diagnostic (le fonctionnement du groupe, un domaine particulier de ce fonctionnement).
2. Écrire l'instruction de façon lisible par tous : « Indiquez les difficultés et les points à améliorer concernant (champ du diagnostic). »
3. Distribuer des Post-it de grande taille à chaque participant.
4. Demander à chaque participant de répondre à la question posée à raison d'une idée, brièvement exprimée, par Post-it.
5. Faire afficher sur un grand mur les Post-it au fur et à mesure que les participants ont terminé.
6. Inciter à faire des regroupements spontanés de thèmes, mais sans chercher à obtenir une véritable classification.
7. Prendre connaissance en commun de l'ensemble des propositions.
8. Répartir en sous-groupes de travail (voir exposé 5).
9. Demander à chaque sous-groupe de traiter deux thèmes (en leur laissant liberté complète de choix).
10. Procéder à la synthèse.
11. Vérifier sur le tableau d'affichage s'il reste des thèmes non traités ; décider de la manière dont on les abordera.

Corrigé p. 191

La méthode Delbecq 12

➤ *Voir Exposés 4 et 11*

Phase préliminaire

– Présentation de la démarche.
– Énoncé du thème général qui va faire l'objet de la discussion.

Première étape : la situation présente

Phase individuelle

– Chaque participant décrit librement la situation présente telle qu'il la perçoit.
– Cette description se fait au moyen de phrases brèves, indépendantes les unes des autres, que les participants écrivent sur une feuille à leur propre usage.
– Durée : environ 15 minutes.

Phase de groupe

– Chaque participant, à tour de rôle, lit une des phrases qu'il a écrites.
– L'animateur la note telle quelle au tableau de papier.
– L'animateur demande :
• si quelqu'un souhaite des éclaircissements ;
• si quelqu'un a écrit une phrase similaire (auquel cas il coche la phrase).

Il ne s'agit en aucun cas d'entamer une discussion de fond ou de « voter » si l'on est d'accord ou pas sur la phrase.
– Les feuilles du tableau de papier sont affichées sur les murs au fur et à mesure de leur remplissage.
– Une discussion libre d'une dizaine de minutes permet aux participants d'approfondir le diagnostic posé.

Deuxième étape : la situation désirée

Les participants, en suivant les deux mêmes phases que pour la première étape, décrivent de façon aussi créative et précise que possible la situation idéale par rapport au thème général abordé.

Après les deux phases, l'animateur ouvre une discussion libre d'environ 20 minutes. À l'issue de la discussion, les participants votent sur trois phrases (voir, par exemple, la méthode d'attribution de points, exercice 41) qui leur paraissent les plus pertinentes pour décrire la situation désirée. Il n'y a pas de synthèse ou de panachage possible des phrases.

La phrase qui a recueilli le plus de voix, ou de points, va servir à définir le problème : « Le problème consiste à changer la situation présente en sorte que… » et l'animateur insère la phrase choisie. Le travail ultérieur va porter sur cette seule proposition, sauf à recommencer tout le processus qui suit avec une deuxième priorité.

Troisième étape : les freins au changement

Cette étape se déroule exactement comme la précédente. Elle a pour objet d'établir la liste des freins qui empêchent de passer de la situation présente à la situation désirée et d'identifier les plus importants d'entre eux.

Quatrième étape : les forces motrices

Cette étape, identique dans sa structure à la précédente, consiste à énumérer les forces permettant de réaliser l'idéal et à choisir celles qui paraissent les mieux adaptées.

Cinquième étape : actions à entreprendre

Cette étape, de même structure, a pour objet de déterminer les actions à entreprendre pour supprimer le principal frein et renforcer la principale force motrice.

Sixième étape : les ressources humaines disponibles

Elle consiste à énumérer, sans recourir à un vote à la fin, toutes les personnes qui peuvent concourir au succès des actions à entreprendre.

Variante

On peut abréger la méthode en suivant le schéma suivant :
– Situation présente :
• phase individuelle ;
• phase de groupe.

– Situation désirée :
• phase individuelle ;
• phase de groupe ;
• discussion et vote ; définition du problème.
– Actions à entreprendre :
• phase individuelle ;
• phase de groupe ;
• discussion et vote.

Corrigé p. 192

Bâillements

13

➤ *Voir Exposé 4*

Bâiller est socialement inconvenant, sauf à réprimer le bâillement du mieux possible et à mettre sa main devant sa bouche. Or, le bâillement est un excellent moyen de décontraction du diaphragme et par conséquent de détente du corps. Il s'agit donc d'un exercice simple, court et particulièrement efficace.

1. Demander aux participants de s'asseoir confortablement (se reculer par rapport à la table, prendre de l'espace les uns par rapport aux autres).

2. Adopter une posture physique détendue : desserrer les vêtements (ceinture, cravate), relâcher les membres.

3. Fermer les yeux : ceci permet à la fois de se concentrer sur son propre travail et de surmonter le respect humain (je ne regarde pas les autres et ils ne me regardent pas).

4. Inspirer à fond en ouvrant très largement la bouche.

5. Laisser repartir l'air naturellement, sans effort, la bouche grande ouverte.

6. Les premiers bâillements sont un peu « forcés », ils deviennent de plus en plus naturels.

7. Continuer à bâiller jusqu'à ce que des larmes commencent à couler. C'est un très bon signe de détente !

8. Laisser revenir la respiration à son rythme naturel.

9. Ouvrir les yeux.

10. Et se remettre au travail !

Cet exercice ne fait pas l'objet d'un corrigé

Quelques mouvements simples

14

➤ *Voir Exposé 4*

Frictions/massages

• Se frotter les mains.
• Frotter les bras.
• Masser chaque épaule avec l'autre main.
• Masser le front avec les deux mains, en partant du milieu et en allant vers l'extérieur.
• Par deux, masser le dos par mouvements circulaires ; terminer par un balayage du haut vers le bas.

Rotations

De simples rotations, sans forcer, dans un sens puis dans l'autre, sont un très bon moyen de réveiller le corps. On suivra la séquence suivante :
• épaules ;
• coudes ;
• poignets ;
• hanches ;
• genoux ;
• chevilles ;
• cou (très légèrement).

Étirements

Ces étirements peuvent se faire assis. Là aussi, il s'agit de réveiller le corps, non de faire de la culture physique.
• étirer les bras verticalement ;
• étirer les bras en se cambrant légèrement en arrière ;

• étirer les bras vers l'avant, dos rond ;
• idem, en soulevant les jambes tendues vers l'horizontale ;
• étirement du dos, bras horizontaux, mains sur la table ;
• dos rond, tête baissée, saisir un genou puis l'autre avec les deux mains et tirer légèrement.

Cet exercice ne fait pas l'objet d'un corrigé

Le train

15

➤ *Voir Exposé 4*

1. Former un cercle, chacun suivant l'autre, mains sur les épaules de celui qui précède.
2. Resserrer le cercle jusqu'à ce que l'espace entre les personnes soit d'environ une main.
3. Au signal, tout le monde se baisse et s'assoit sur les genoux de la personne qui le suit.
4. Écarter les bras, de façon à tenir sans aide.
5. Au signal, tout le monde se relève.

Refaire plusieurs fois, jusqu'à ce que chacun puisse s'asseoir confortablement, sans s'aider des bras.

(Pour cet exercice, plus le nombre de participants est élevé, plus l'exercice est facile et amusant.)

Cet exercice ne fait pas l'objet d'un corrigé

La corde

16

➤ *Voir Exposé 4*

1. Disposer en un grand cercle sur le sol une longue corde d'environ 40 m (style corde de montagne).

2. Répartir les participants, sauf un, de façon régulière autour de la corde.

3. Chacun saisit la corde et la lève à hauteur de ceinture.

4. Bander les yeux du participant qui va jouer le rôle d'ordonnateur.

5. Introduire ce participant au milieu du cercle.

6. Lui demander, en gardant les yeux bandés, de transformer le cercle en un carré (les autres participants obéissent aux injonctions mais n'interviennent d'aucune manière).

7. On peut autoriser l'ordonnateur à parler ou lui demander d'agir en silence (ce qui rend l'exercice plus difficile).

8. Lorsque le cercle est transformé en carré, retirer le bandeau du participant qui a joué le rôle d'ordonnateur et procéder à une discussion générale.

Quelques thèmes :

• quels ont été les sentiments des participants passifs ?

• comment s'y est pris l'ordonnateur ? seul ? en faisant appel aux autres ?

• comment pourrait-on s'y prendre pour que le travail soit plus facile ?

Cet exercice ne fait pas l'objet d'un corrigé

Dénouer les mains

17

➤ *Voir Exposé 4*

1. Rassembler les participants en un groupe compact, sans ordre.
2. Chaque participant prend les mains de deux personnes différentes.
3. Le groupe tente de se transformer en un cercle où chacun tient la main de l'autre ; le contact initial ne doit jamais être perdu ; toutes les contorsions sont autorisées ; chacun parle librement.
4. Le groupe dispose de deux jokers à utiliser quand il veut ; le joker consiste à ce qu'une personne lâche provisoirement les mains des personnes qu'elle tient et à se positionner de façon différente par rapport à elles (décroiser les bras, croiser les bras, se retourner...).
5. Arrêter quand le groupe forme un cercle... ou quand il apparaît au bout d'un certain temps qu'il n'y arrivera pas.
6. Procéder à une discussion :

- quels sentiments ont surgi ?
- le travail a-t-il été organisé ? comment ? par qui ?

Cet exercice ne fait pas l'objet d'un corrigé

Relaxation 18

➤ *Voir Exposé 4*

Les instructions sont transcrites telles qu'elles peuvent être données aux participants.

Installez-vous confortablement sur votre chaise, prenez la distance qui vous convient par rapport à votre table et à vos voisins.

Mettez-vous à l'aise, desserrez vos vêtements s'ils vous gênent, ceinture, cravate.

Mettez vos avant-bras à plat sur votre table ou les coudes sur les genoux, selon la position que vous jugerez la plus confortable.

Fermez les yeux. À partir de maintenant, vous vous occuperez de ce qui se passe en vous en ne prêtant aucune attention à vos voisins.

Prenez conscience de votre respiration, sans chercher à la contrôler. L'air qui entre et qui sort, inspir, expir, inspir, expir.

Vous allez à présent décontracter chaque partie de votre corps, en détendant les muscles. Pour cela, il peut être utile pour certains d'entre vous de commencer par une légère contraction pour mieux sentir le relâchement.

(Laisser à chaque étape le temps suffisant, correspondant à une respiration complète.)

Laissez aller votre tête.

Détendez votre main droite, votre bras droit, votre épaule droite, votre épaule gauche, votre bras gauche, votre main gauche.

Détendez votre cuisse droite, votre jambe droite, le mollet, le pied.

Détendez votre cuisse gauche, votre jambe gauche, le mollet, le pied.

Détendez les muscles de votre visage, souriez légèrement sans forcer, la mâchoire inférieure est relâchée, les dents ne se touchent pas.

Détendez votre abdomen, votre diaphragme.

Prenez conscience de votre souffle, qui entre, qui sort.

Respirez profondément, vous expirez, vous inspirez (trois fois).

Et maintenant (vous avez à présent le choix entre différentes possibilités selon l'objectif de la relaxation) :

– Écoutez simplement votre corps, sans prêter attention à vos pensées, suivez votre respiration.

– Pensez à un lieu où vous vous êtes senti bien :

- à quoi ressemblait-il ?
- qu'y avait-il à voir, à entendre, à sentir, à ressentir ?
- que s'y passait-il ?
- quels étaient vos sentiments ? Revivez-les.

– Pensez au problème que nous allons étudier tous ensemble dans un moment :

- comment vous situez-vous ?
- quelles sont vos craintes ?
- et quels sont vos espoirs ?
- comment aimeriez-vous que se passe la discussion ?
- quelles idées vous paraissent essentielles ?

Quittez l'endroit où vous vous trouviez (le problème auquel vous réfléchissiez).

Reprenez conscience de votre souffle.

Remuez les extrémités de vos membres, les mains, les pieds.

Étirez-vous, bâillez.

Quand vous vous sentez prêt, ouvrez les yeux.

Cet exercice ne fait pas l'objet d'un corrigé

Le groupe idéal 19

➤ *Voir Exposé 6*

Donner trois adjectifs, ou mots, indiquant ce que vous souhaitez que soit chacun des processus suivants :
– la communication ;
– la résolution des conflits ;
– la définition des objectifs ;
– l'attribution des tâches ;
– la prise de décision ;
– la communication externe ;
– les méthodes de travail.
Faites un dessin représentant le groupe idéal.

Corrigé p. 192-193

Analogie du groupe 20

➤ *Voir Exposé 6*

1. Choisissez un domaine dans lequel vous pourrez développer une analogie du groupe (exemples dans l'exercice 38).
2. Dessinez individuellement votre groupe tel que vous aimeriez qu'il fonctionne ; représentez dans ce dessin le rôle que vous occupez dans le groupe.
3. Comparez en équipe vos différents dessins ; mettez-vous d'accord sur un dessin qui représente l'ensemble des points de 4.
4. En comparant cette description imagée de la situation désirée et le mode de fonctionnement actuel de votre groupe, fixez 1, 2 ou 3 objectifs pour votre groupe.
5. Développez un plan d'action.

Corrigé p. 194

Analyse de cohérence 21

➤ *Voir Exposé 6*

Décrivez en termes précis les caractéristiques du groupe idéal pour chacune des rubriques suivantes :

1. Les *valeurs fondamentales* (clarté, connaissance par tous, partage).
2. L'*objet de l'activité* (fixation des objectifs, pratique opérationnelle...).
3. Le *déroulement* de l'activité (conduite stratégique, pilotage des opérations, contrôles...).
4. L'*animation* (mode de communication, style d'autorité...).
5. L'*identité* (modèle de référence, systèmes et structures...).
6. Les *actions* (la production, sa qualité...).

Représentez graphiquement (dessin, graphisme, logo, symbole...) ce qu'est pour vous le groupe idéal.

Corrigé p. 195

Pailles et trombones

22

➤ *Voir Exposé 6*

Consignes

1. Distribuer au groupe une boîte de trombones et un paquet de pailles en plastique (pailles permettant de boire) ; les pailles ayant une partie en accordéon qui permet de faire des coudes sont à choisir de préférence.

2. Demander de fabriquer avec (et uniquement avec) les pailles et les trombones un objet qui soit :
• fonctionnel (ici et maintenant) ;
• original ;
• ingénieux.

3. Indiquer le temps disponible (30 à 45 minutes).

4. Faire remplir à la fin le questionnaire suivant :

– Vous êtes-vous mis d'accord sur l'objet à construire et comment ?

– Quels ont été les différents rôles ? Comment ont-ils été répartis ?

– Une ou plusieurs personnes ont-elles assumé un rôle de leader ? À quels moments ? Dans quelles circonstances ? Par quels moyens ?

– Êtes-vous satisfait de la manière dont le groupe a fonctionné ? Qu'est-ce qui vous a plu ou déplu ?

5. Discussion générale.

Corrigé p. 196

Le langage des images

23

➤ *Voir Exposé 8*

1. Choisir une série de photos ou de cartes postales, ayant pour caractéristiques d'être :

• un bon support projectif ;

• sans désirabilité sociale trop marquée ;

• distanciées de la vie professionnelle mais susceptibles d'y être rattachées.

Il n'est pas très facile de fabriquer soi-même ce support. On en trouvera de tout préparés, par les inventeurs de la méthode : Alain Baptise et Claire Belisle, Dossier photolangage, *Des choix personnels aux choix professionnels* ou *Corps et communication*, Éditions d'Organisation.

2. Étaler les photos sur une table autour de laquelle les participants peuvent circuler sans se gêner.

3. Demander à chaque participant de choisir, individuellement, trois photos qui représentent le mieux les valeurs qu'il souhaite être celles du groupe (chacun note le numéro de la photo et la laisse sur la table, pour permettre à d'autres de s'en servir).

4. Chaque participant présente au groupe les trois photos qu'il a choisies en expliquant ses raisons. On peut poser des questions pour mieux comprendre, mais non pour exprimer son accord ou son désaccord.

5. Discussion générale ayant pour but de sélectionner les trois photos qui représentent le consensus du groupe.

6. Lister pour chaque photo les valeurs qu'elle représente.

7. Dégager de cette liste de valeurs celles qui obtiennent le plus large accord.

Cet exercice ne fait pas l'objet d'un corrigé

Choisir une œuvre d'art

24

➤ *Voir Exposé 8*

1. Demander à chaque participant de trouver sa réponse personnelle à la question : « Quelle œuvre d'art choisiriez-vous pour représenter les valeurs de votre groupe ? »

2. Chacun présente individuellement l'œuvre choisie et les raisons qui l'ont fait la choisir.

3. Discussion générale pour déterminer l'œuvre qui représente le mieux les valeurs communes du groupe.

Remarque : si l'œuvre d'art, ou au moins sa reproduction, peut être achetée, ce n'en est que mieux.

Cet exercice ne fait pas l'objet d'un corrigé

Échange sur les valeurs

25

➤ *Voir Exposé 8*

Sur un scénario, semblable à celui de l'exercice 24, il est possible de proposer différents points de départ. Voici quelques thèmes possibles pour alimenter un débat sur les valeurs.

– Quelle a été votre expérience professionnelle la plus marquante et pourquoi ?

– Quelle a été votre expérience scolaire la plus marquante et pourquoi ?

– Quelle est la personne qui vous a le plus marqué dans votre relation à l'autorité et pourquoi ?

– Que laissez-vous à l'extérieur quand vous entrez dans l'entreprise et que souhaiteriez-vous y introduire ?

– Que vous dit le fondateur de l'entreprise par rapport à votre groupe ?

Cet exercice ne fait pas l'objet d'un corrigé

Le dilemme du prisonnier

26

➤ *Voir Exposé 8*

But du jeu

Gagner autant de points que vous pouvez.

Règles

• Le jeu se déroule en 5 rounds.
• À chaque round vous choisissez de jouer « noir » ou « rouge ».
• Le nombre de points reçus à chaque round dépend de votre choix et de celui de votre adversaire, selon la distribution ci-dessous :

Choix		Points	
Équipe 1	Équipe 2	Équipe 1	Équipe 2
Noir	Noir	+ 3	+ 3
Noir	Rouge	– 5	+ 5
Rouge	Noir	+ 5	– 5
Rouge	Rouge	- 3	– 3

Déroulement du jeu

1. Chaque groupe se réunit séparément. Aucune communication n'est autorisée entre les groupes, sauf aux moments spécialement prévus.
2. Le jeu commence par une phase stratégique de 10 minutes au cours de laquelle chaque équipe détermine :
• son propre but dans le jeu ;
• les stratégies et les tactiques à utiliser pour y parvenir.
3. Après cette période préparatoire, le premier round commence. Chaque équipe a 3 minutes pour prendre sa décision : jouer « noir » ou « rouge ». Au signal, chaque équipe remet à l'animateur un morceau de papier sur lequel sont indiqués :
• le numéro d'équipe en chiffres romains ;

- le numéro du round en chiffres arabes ;
- le choix : « noir » ou « rouge ».

4. Le deuxième round se déroule de manière identique.

5. Après le deuxième round, chaque équipe a la faculté de négocier avec l'autre. Si les deux équipes sont d'accord pour négocier, un négociateur est choisi par chaque équipe. Les deux négociateurs se rencontrent indépendamment de leurs équipes. La phase de négociation dure 5 minutes.

6. Le 3ᵉ round se déroule comme les précédents, mais les points sont doublés.

7. Le 4ᵉ round se déroule comme les rounds 1 et 2.

8. Après le 4ᵉ round, les équipes ont de nouveau la faculté de négocier. Le mode de négociation est libre. Durée : 5 minutes.

9. Le 5ᵉ et dernier round se déroule comme les précédents mais les points gagnés ou perdus sont élevés au carré, le signe ne changeant pas (ex : $-5^2 = -25$).

10. Résultats et discussion.

Feuille de résultats

Round	**Temps**	I		II	
		Choix cumulés	Points	Choix	Points cumulés
1	3 mn				
2	3 mn				
Négociation facultative (représentants)	5 mn				
3 Points doublés	3 mn				
4	3 mn				
Négociation facultative	5mn				
5 Points au carré	3 mn				

Corrigé p. 196

La promenade de l'aveugle

27

exercices

➤ *Voir Exposé 8*

Matériel particulier

• Bandeaux, noirs de préférence, permettant de faire le tour de tête.
• Tampons (gaze ou tampons de démaquillage) à placer sur les yeux, sous le bandeau.

Consignes

• Répartir les participants 2 par 2.
• Chacun à tour de rôle jouera l'aveugle et le chien d'aveugle.
• Le chien d'aveugle bande les yeux de l'aveugle.
• Il guide l'aveugle pendant un quart d'heure en silence.
• En cas de besoin d'aide, l'aveugle doit lever le bras et se faire comprendre par la gestuelle seule.
• Au signal, les rôles sont intervertis.
• Discussion générale.

Corrigé p. 197

Interface

28

➤ *Voir Exposés 9 et 11*

Déroulement du processus d'interface

1. Chacun des deux partenaires ou chacun des deux groupes remplit sa grille individuellement (voir ci-dessous).

2. Il est possible de travailler à plus de deux groupes, mais le processus devient lourd à gérer ; trois groupes est à notre avis le maximum.

3. Lorsque chacun a rempli sa grille, l'un des deux commence à lire ce qu'il attend de l'autre. L'animateur peut noter sur une grille de synthèse (voir ci-dessous).

4. À chaque demande, l'autre :

• acquiesce rapidement si la demande figure déjà parmi ce qu'il est prêt à fournir ;

• met de côté si la demande figure parmi ce qu'il n'est pas prêt à fournir ou si, ne l'ayant pas envisagée, il doit réfléchir pour donner sa réponse.

5. Lorsque le premier a fini sa liste de demandes l'autre lit les points qu'il était prêt à fournir et qui n'auraient pas été demandés. Peut-être s'agit-il d'oublis de la part du premier, peut-être s'agit-il de choses dont il n'a tout simplement pas, ou plus, besoin.

6. L'un et l'autre abordent alors les points qui font difficulté et entament une négociation.

7. Lorsque la négociation est terminée – ou si, devant la difficulté de certains points, les deux partenaires décident de remettre ceux-ci à plus tard –, le même processus est répété, en principe plus rapidement, avec ce que l'un n'attend pas de l'autre.

8. Lorsque le premier en a terminé avec ce qu'il attend et n'attend pas de l'autre, le processus entier est répété avec le second.

Corrigé p. 197

Grille d'interface

Ce que j'attends de l'autre	Ce que je n'attends pas de l'autre
Ce que je suis prêt à fournir à l'autre	Ce que je ne suis pas prêt à fournir

Tableau de synthèse

Exemple : attentes de « 1 » par rapport à « 2 »

Ce que 1 attend de 2	Ce que 2 est prêt à faire pour 1
Ce que 1 n'attend pas de 2	Ce que 2 n'est pas prêt à faire pour 1

Votre style de leadership préféré 29

➤ *Voir Exposé 10*

1. Discutez en groupe le style de *leadership* qui vous convient le mieux.
2. Faites la liste des caractéristiques qui décrivent ce style de *leadership.*
3. Dessinez un animal qui représente ce style.
4. Inventez un slogan qui le résume.
5. Préparez la présentation, sous la forme qui vous convient, des points 2, 3 et 4 que vous allez faire à l'ensemble du groupe.

Corrigé p. 198

Le jeu des baguettes

30

➤ *Voir Exposé 10*

Matériel

1 baguette en bois d'environ 40 cm par participant.

Consignes

1. Remettre une baguette à chaque participant.
2. Former des paires.
3. Demander à chaque paire d'explorer la relation à l'autre par le biais des baguettes. Tout est possible, sauf parler. Rester en relation avec l'autre. Durée 3 à 5 minutes.
4. Changer de partenaire.
5. Demander à chaque participant de se fixer un objectif par rapport à son partenaire, qu'il atteindra au moyen des baguettes. Ne pas dire son objectif au partenaire.
6. Attendre que chacun ait fixé son objectif, puis démarrer (3 à 5 minutes).
7. Discussion sur les thèmes de l'influence et du pouvoir.

Corrigé p. 198

Les instruments à 360° 31

➤ *Voir Exposé 10*

On désigne sous ce nom les outils qui permettent d'apprécier le style de management d'une personne donnée en comparant les points de vue :

- de l'intéressé ;
- de son supérieur hiérarchique, de ses pairs ;
- de ses collaborateurs.

Ils se présentent sous la forme d'un même questionnaire rempli par les personnes énumérées ci-dessus (ou un échantillon représentatif). Naturellement, la plus grande confidentialité est à observer en ce qui concerne les pairs et les collaborateurs dont seule la moyenne des résultats peut être communiquée à l'intéressé.

Les questionnaires utilisés sont de deux ordres :
– empiriques : soit qu'il s'agisse de questionnaires non validés, soit que l'on utilise tout simplement les grilles de lecture que nous avons décrites dans l'exposé 10 pour procéder à une comparaison de points de vue. Ceci est tout à fait faisable pour faire un point rapide du ressenti à l'intérieur d'un groupe. Le responsable peut se situer lui-même pendant que le reste de l'équipe le situe sur la même grille ; on compare ensuite les deux perceptions ;
– « scientifiques » : il s'agit de questionnaires élaborés à cette fin spécifique et dûment validés, ce qui permet d'utiles comparaisons avec la moyenne des managers. Il en existe un très petit nombre sur le marché français, qui donnent d'excellents résultats. Cette approche est certainement la plus efficace pour l'analyse du style de *leadership*.

Cet exercice ne fait pas l'objet d'un corrigé

Grille de clarification des tâches 32

➤ *Voir Exposé 11*

1. Établir une matrice du type suivant

Membres / Activités	A	B	C	D	E	F
1						
2						
3						
4						
etc.						

2. Dans chaque cellule, porter un code correspondant à la part prise par le membre de l'équipe pour une activité. On pourra utiliser par exemple la nomenclature suivante :

- R est responsable (une seule personne en principe par activité) ;
- P participe activement ;
- C doit être obligatoirement consulté (droit de veto) ;
- M doit fournir des moyens (la nature peut en être précisée) ;
- Il doit être tenu informé ;
- Cellule vide : ne participe en aucune manière.

Corrigé p. 199

Six questions 33

➤ *Voir Exposé 11*

Objectif

Analyser une activité, décrire une situation, déterminer un plan d'action en posant 6 questions fondamentales.

Démarche

Quoi ? Quel est l'objet, que faut-il faire, quelles sont les actions ?

Qui ? Qui est responsable ? Qui intervient à titre accessoire ? À qui s'adresse-t-on ?

Où ? Où l'action a-t-elle lieu ?

Quand ? Quels sont les délais ? Quelle est l'échéance ? Quelle est la fréquence ?

Comment ? Quels sont les moyens ? Quel est le processus ?

Pourquoi ? Quel est l'objectif, le but ? Quelle fonction doit-elle être assurée ?

Moyen mnémotechnique

QQOQCP ou
3QOCP

Cet exercice ne fait pas l'objet d'un corrigé

Diagramme causes-effets

34

➤ *Voir Exposé 11*

Principe

Méthode qui permet de répertorier les causes d'un problème et de les présenter de façon claire et structurée sous forme d'un graphique. On parle aussi d'arbre des causes, de diagramme en arête de poisson, de diagramme d'Ishikawa.

Démarche

– Énumérer toutes les causes possibles.
– Les classer par famille. On utilise souvent les 5 familles suivantes (les 5 M) :
• milieu ;
• main d'œuvre ;
• matière, matériaux ;
• matériel, machines ;
• méthode.
– Construire le diagramme.

Diagramme

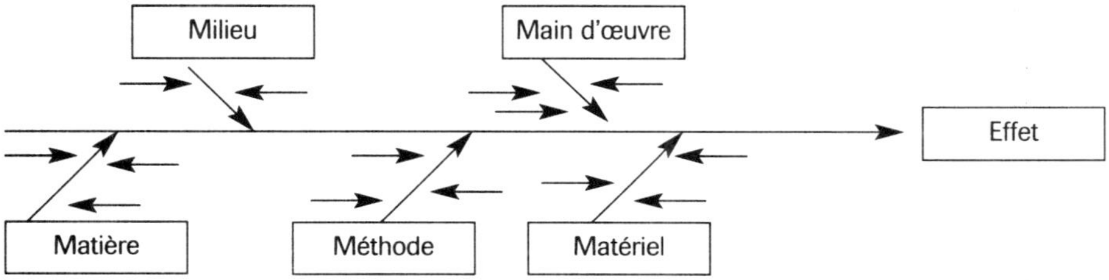

Corrigé p. 199

Diagramme de Pareto

35

➤ *Voir Exposé 11*

Principe

Le diagramme de Pareto (économiste italien) est l'étude statistique d'une distribution de valeurs de population dont les propriétés sont connues. On constate que :
• 10 à 20 % du nombre des individus représentent 70 à 90 % de la valeur totale ;
• 20 à 40 % en nombre représentent 10 à 25 % en valeur ;
• 40 à 60 % en nombre représentent moins de 15 % en valeur.

On parle couramment de la loi des 80/20 (ou 70/30) ; par exemple 80 % des accidents de voitures sont provoqués par 20 % des conducteurs.

Méthode

– Choisir une durée d'observation du phénomène étudié.
– Recueillir les données avec précision.
– Construire le graphique :
• diviser l'axe horizontal en autant de parties que de catégories étudiées ;
• placer les catégories par ordre d'importance décroissante à partir du point 0 ;
• graduer l'axe vertical en pourcentage ;
• construire les rectangles pour chaque catégorie.

Graphique

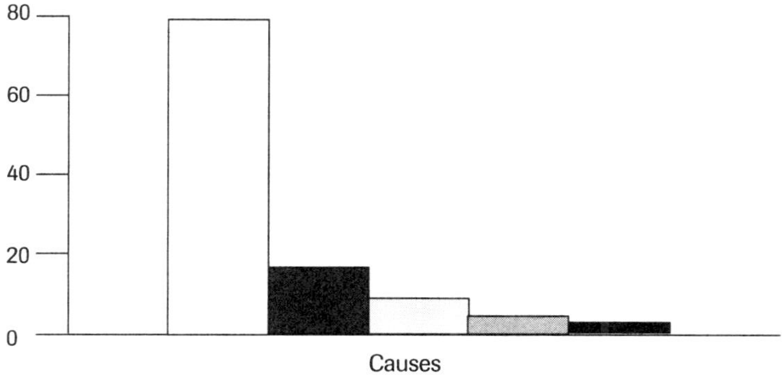

Corrigé p. 200

Brainstorming 36

➤ *Voir Exposé 11*

Objectif

Formuler le plus grand nombre d'idées possible.

Principes de fonctionnement

Différencier nettement la phase de production d'idées et la phase de mise en ordre et d'analyse critique qui aura lieu ultérieurement.

Au cours de la première phase, se rappeler les règles fondamentales [1] « CQFD » :
– C : Critique interdite.
– Q : Quantité et non qualité ; le tri se fera ensuite.
– F : Farfelu bienvenu accepter toutes idées même saugrenues.
– D : Démultiplication ; on peut « emprunter », une idée en appelle une autre.

Démarche

1re phase :
– énoncer clairement le problème à traiter,
– noter tout ce que disent les participants sans rien changer,
– faire respecter les règles (CQFD).

2e phase :
– classer les idées par thèmes,
– établir la grille d'analyse,
– déterminer les plus intéressantes,
– établir le processus d'exploitation des meilleures idées.

Cet exercice ne fait pas l'objet d'un corrigé

1. Exprimées ici selon la formulation donnée par Hubert Jaoui (Gimca).

Carte mentale

37

➤ *Voir Exposés 5 et 11*

Objectif

Noter les idées du groupe (ou les siennes) selon un processus arborescent favorisant la démultiplication des idées et leur classement au fur et à mesure de leur émission.

Démarche

Mettre le thème à traiter au milieu de la page.

Disposer en cercle autour de ce mot, les mots ou thèmes qui viennent d'abord à l'esprit.

Procéder de même pour un deuxième cercle, un troisième.

Corrigé p. 200

Démarche analogique 38

➤ *Voir Exposé 11*

Principe

Rechercher des idées nouvelles en faisant appel à des comparaisons (« comme si ») dans d'autres domaines.

Démarche

- Définir le problème et énumérer ses caractéristiques.
- Choisir les caractéristiques principales.
- Dans différents domaines analogiques, citer des éléments présentant les mêmes caractéristiques.
- Choisir une analogie.
- La développer.
- Appliquer à la situation de départ.

Domaines analogiques

Anthropologie
Archéologie
Architecture
Biologie
Chimie
Cinéma
Géographie
Histoire
Informatique
Mathématique
Mécanique
Médecine
Mode
Monde animal
Monde minéral
Monde végétal
Mythologie
Peinture
Philosophie
Physique
Politique
Science fiction
Sports
Théâtre
Transports
Zoologie

Cet exercice ne fait pas l'objet d'un corrigé

Matrices combinatoires

39

➤ *Voir Exposé 11*

Principe

Identifier les relations existantes (matrice d'analyse) ou potentielles (matrice de découverte) entre deux catégories d'éléments. Cette approche permet de systématiser la démarche fondamentale de créativité consistant à croiser deux éléments qui, *a priori*, n'ont pas de relations (bisociation ou *lateral thinking*).

Démarche

– Identifier les deux séries d'éléments que l'on veut croiser.
– Construire un tableau à double entrée.
– Noter ce qui existe dans les cellules correspondantes.
– Chercher à remplir les cases vides.

Corrigé p. 201

Analyse multicritères 40

➤ *Voir Exposé 11*

Objectif

Évaluer différentes solutions ou possibilités en fonction de critères.

Démarche

– Établir la liste des idées à évaluer (pas plus de 7).
– Établir la liste des critères ; éventuellement, les pondérer.
– Déterminer le système de notation : par exemple de 1 (très mauvais) à 5 (très bon).
– Dans un tableau, inscrire les idées à évaluer en ligne, les critères en colonnes (ou le contraire !).
– Noter chaque idée par rapport à chaque critère.
– Faire le total.

Corrigé p. 201

Attribution de points 41

➤ *Voir Exposé 11*

Objectif

Déterminer rapidement parmi plusieurs solutions possibles, celle qui recueille le plus large accord du groupe.

Démarche

1. Chaque participant dispose de 5 (ou 10) points.
2. Il a le droit de les attribuer comme il l'entend aux différents items (5 points sur le même item, un point sur 5 items, etc.).
3. L'attribution se fait d'abord de façon individuelle, en notant sur un papier, afin d'éviter la contagion de groupe.
4. L'animateur note pour chaque item les points attribués par chaque membre du groupe.
5. Il totalise les points obtenus pour chaque item.

Corrigé p. 202

Fiche communication 42

➤ *Voir Exposé 11*

Cet exercice concerne la communication de la décision prise et la motivation des personnes qui auront à l'appliquer. Il se situe explicitement en fin de processus, car vient toujours le moment d'une communication et d'une motivation « de masse ». Il ne faut pas oublier pour autant que la meilleure motivation est celle qui découle d'une implication/participation ayant commencé le plus tôt possible.

1. Quel est l'objectif de la communication ? Quels résultats en sont attendus ?
2. Que voulons-nous communiquer ? Quels sont les thèmes ?
3. Quelle est la conformité du message avec les valeurs de l'entreprise ? son histoire ? Y a-t-il des points discordants et comment peut-on les justifier ?
4. À qui s'adresse-t-on ? Quelles sont les différentes populations visées ? Quelles sont les caractéristiques du message pour chacune des populations ?
5. Quels sont les éléments motivants ? Quels sont les bienfaits et les inconvénients pour les destinataires du message ?
6. Qui parle ? Quelle est sa légitimité ? Comment sera-t-il perçu ?
7. Parmi les personnes associées dès le départ, quelles sont celles qui peuvent servir de relais ?
8. Quelles personnes ont-elles été frustrées de ne pas avoir été associées ? Quelle stratégie d'intégration particulière peut-elle aider à les « mettre à bord » ?
9. Quelles modalités de communication adopter ?

Cet exercice ne fait pas l'objet d'un corrigé

Plan d'action de groupe

43

➤ *Voir Exposé 4*

Différents formats sont envisageables pour établir le plan d'action du groupe. En voici un efficace dans sa simplicité, qu'on tracera en général sur un tableau de papier.

Quoi	Qui	Quand

Cet exercice ne fait pas l'objet d'un corrigé

Plan d'action individuel

44

➤ *Voir Exposé 4*

Le plan d'action individuel est particulièrement important pour amener les participants à intégrer les acquis du séminaire dans leur vie. Voici quelques questions types.

Dans ce que nous avons fait au cours de ce séminaire :

1. Qu'ai-je appris ?

 ....

 ....

2. Qu'est-ce que je comprends mieux ?

 ....

 ....

3. Que vais-je utiliser :

– pour moi, dans mon propre fonctionnement ?

 ....

 ....

– dans mes relations avec mon entourage professionnel ?

 ....

 ....

– dans l'animation de mon équipe ?

 ....

 ....

Cet exercice ne fait pas l'objet d'un corrigé

Évaluation de séminaire

45

➤ *Voir Exposé 4*

1. Quels ont été pour vous les éléments les plus utiles de ce séminaire ?

....

....

2. Quelles applications en ferez-vous dans votre vie professionnelle ?

....

....

3. Quels ont été les éléments les moins utiles pour vous ?

....

....

4. Quels sont les points dont vous auriez aimé qu'ils soient davantage développés, ou que vous souhaiteriez aborder ultérieurement ?

....

....

Cet exercice ne fait pas l'objet d'un corrigé

Corrigé des exercices

Corrigé de l'exercice 1

Si vous avez répondu oui aux 7 questions, non seulement vous n'avez pas besoin d'un consultant, mais vous pouvez arrêter la lecture de cet ouvrage !
Si vous avez répondu oui à moins de 4 questions, un consultant est probablement nécessaire.
Si vous avez répondu oui à 4, 5 ou 6 questions, vous pouvez convoquer un consultant pour savoir en quoi il peut vous être utile de façon spécifique.

Corrigé de l'exercice 3

Parmi les indications que l'on peut donner pour guider la présentation de chacun en fonction des objectifs du séminaire, voici les plus courantes :
– le nom ;
– la fonction ;
– l'ancienneté dans l'entreprise ;
– les expériences professionnelles ;
– la motivation par rapport au séminaire ;
– les participations antérieures à des séminaires équivalents ;
– la connaissance générale du sujet (acquise autrement que par le point précédent).
Certaines informations personnelles peuvent être données, mais elles sont en général laissées à l'initiative des participants : statut matrimonial, nombre d'enfants. Nous préférons aborder ces points au moyen d'une démarche plus structurée (cf. exercices 7, 8, 9, 10).

Corrigé de l'exercice 4

Comme pour l'exercice 3, il peut être utile de donner une « grille » d'interview, en fonction des objectifs du séminaire. On pourra se servir de la liste des points proposés dans le corrigé de l'exercice 3 ou des questions de l'exercice 5.

Cet exercice est aussi un entraînement à l'écoute de la part de celui qui interviewe. Il pourra être utile de rappeler les consignes de reformulation (voir corrigé de l'exercice 5).

Pour un groupe dont les membres ont déjà une certaine connaissance les uns des autres et qui ont une expérience antérieure de ce type de travail, on peut proposer de donner une tonalité au rapport d'entretien : grave, frivole, solennelle, humoristique ou autre. On évitera tout ce qui peut porter à l'ironie ou la caricature. Notons que dans cette version, il s'agit autant d'un exercice de prise de parole que d'une présentation de l'interviewé.

Corrigé de l'exercice 5

Les questions de cet exercice peuvent être modifiées en fonction du contexte et des objectifs du séminaire.

Ce peut être une bonne occasion de rappeler les règles fondamentales de la reformulation, par exemple :

Que reformuler ?

La reformulation porte sur le message exprimé par l'émetteur et non sur ce que ressent ou pense le récepteur (qui ultérieurement pourra à son tour s'exprimer).

La reformulation peut concerner :
– *le message verbal explicite* : ce que la personne vient de dire. C'est la reformulation de base, celle qu'on utilisera normalement dans la vie courante ;
– *le message implicite, souvent non verbal* : ce que la personne ne dit pas avec des mots, mais qu'elle laisse transparaître par son attitude, son ton de voix, ses silences. On n'utilisera cette reformulation qu'avec prudence, car elle se transforme facilement en projection (prêter ses sentiments à autrui).

Quand reformuler ?

En règle générale, la reformulation prend place toutes les 5 ou 10 phrases. Mais il ne s'agit que d'un ordre de grandeur car il convient de rester très souple et naturel. Si une longue période de parole a eu lieu, il vaut mieux ne reformuler que les derniers messages exprimés : la reformulation n'est pas un résumé.

Comment reformuler ?

Au début, se contenter de répéter ce que l'autre dit. Progressivement, il convient d'utiliser ses propres mots à soi tout en restant à l'intérieur du cadre de l'autre.

Il est utile de commencer la reformulation par des expressions telles que « donc... », « autrement dit... », « si je comprends bien ».

Si l'on ne comprend pas tout ce qu'a dit la personne, reprendre les éléments compris, puis demander un complément d'informations. Si l'on n'a pas du tout compris ou écouté, le dire franchement et demander à l'interlocuteur de répéter.

Corrigé de l'exercice 6

Cet exercice convient à un groupe de personnes qui se connaissent déjà. Il doit être fait de façon assez fluide, sans longues hésitations. Le plus simple est que l'animateur, ou une autre personne désignée par lui, fasse la première présentation. La personne qui vient d'être présentée présente à son tour quelqu'un d'autre, et ainsi de suite.

Cet exercice met en évidence les liens existant entre les membres d'un groupe, même si ce n'est pas son objectif. En début de séminaire, on veillera à neutraliser sans s'appesantir les éventuels effets d'exclusion (personnes moins connues qui sont choisies en fin de processus ou qui ne savent plus trop qui choisir) par une explication simple – l'intégration récente dans le groupe, l'éloignement géographique – quitte à reprendre ultérieurement la question.

Corrigé de l'exercice 7

Cette présentation peut être faite :

– soit en laissant les participants libres :

• de parler ou de ne pas parler,

• de donner une ou plusieurs caractéristiques ;

– soit en donnant une structure plus rigoureuse :

• tour de table où chacun s'exprime à tour de rôle,

• limitation du nombre d'éléments donnés par chacun : « Donnez une qualité que vous reconnaissez à... ».

En début de séminaire, on bannira les aspects négatifs.

Corrigé de l'exercice 8

Cet exercice très riche peut apporter beaucoup d'informations. Il conviendra de laisser un temps de partage suffisant pour que chacun puisse expliquer ce que signifie le symbole choisi par rapport à la personne décrite.

On évitera les descriptions sarcastiques du genre totémisation d'adolescents ; le meilleur moyen est sans doute pour cela de se limiter au nom de l'animal, de la fleur etc., sans y adjoindre de qualificatif.

Les résultats de cet exercice peuvent être utilisés à d'autres moments du séminaire, notamment pour faire le lien entre le comportement observé et le symbole attribué.

Corrigé de l'exercice 9

Exemple d'une feuille individuelle :

Corrigé de l'exercice 11

La méthode ici proposée est relativement informelle. On pourra naturellement préférer des démarches plus organisées, telles que celles habituellement proposées dans le « Métaplan », où le classement des thèmes est fait de façon rigoureuse et leur répartition entre les groupes de travail décidée en commun.

La réussite de cette démarche dépend notamment de la pertinence des groupes de travail ; si le critère de répartition permet d'obtenir des sous-groupes homogènes mais très différents de l'un à l'autre, le choix et le traitement des thèmes refléteront cette différence. Il y aura peu de chevauchements et en tous les cas une grande variété de points de vue.

La synthèse bien sûr n'en aura que plus d'importance.

Corrigé de l'exercice 12

La méthode Delbecq est une méthode très efficace, qui permet de faire le tour d'une question de façon quasi exhaustive.

Son inconvénient est sa relative lourdeur, même sous la forme de la variante que nous proposons. Un tel processus peut en effet durer une journée. On le réservera donc pour des thèmes particulièrement importants.

Corrigé de l'exercice 19

Les résultats sont évidemment très variés, en fonction de la nature du groupe, de son objectif, de son domaine, de son environnement, de la culture de l'entreprise, et du type psychologique de ses membres. Ci-dessous, quelques-unes des caractéristiques qui, dans leur diversité, reviennent fréquemment.

THÈME	CARACTÉRISTIQUES
Communication	organisée, claire, hiérarchique informelle, efficace cohérente, concise, systématique réciproque, répartie, participative
Résolution des conflits	gérés, confrontés utilisés, négociés confrontés, clarifiés, sources de progrès prévenus, élucidés par consensus
Définition des objectifs	clairs, réalistes, chiffrés concrets, négociés, réalistes cohérents, programmés, clairs partagés, fondés sur des valeurs communes
Attribution des tâches	organisée, affichée souple, efficace, substitution possible en fonction de l'objectif et des compétences décidée en commun, fonction des compétences et goûts
Prise de décision	juste, ferme, impartiale limitée, acceptée par l'équipe fondée sur compétence, délégation partagée, en vue du bien commun
Communication externe	préparée, attribuée à un responsable en fonction des rencontres et des besoins cohérente avec l'objectif, limitée au nécessaire cohérente avec les valeurs, ouverte
Méthodes de travail	définies, écrites dans un manuel adaptées aux besoins, souples, concrètes originales, efficaces inventives, au service du groupe et des personnes

Les dessins sont très révélateurs – certains sont des analyses approfondies du fonctionnement du groupe. Nous donnons ici deux illustrations qui reviennent fréquemment :

L'équipage du bateau

L'orchestre

Corrigé de l'exercice 20

Les approches analogiques sont très souvent riches et difficiles à travailler. Il convient de ne pas chercher à interpréter, mais d'aider le groupe à développer ce qu'il a voulu dire, parfois même inconsciemment.

Des images comme la fourmilière, la ruche, l'horloge, reviennent souvent. Pour mieux comprendre ce que dit le groupe, le consultant peut avoir en tête des grandes familles de modèles :
– mécanique : univers organisé, dont les interactions entre les parties relèvent du rouage. Structure pyramidale, formalisée, organisée ;
– organique : organisme vivant, dont les interactions entre les parties ressemblent à celles entre les membres du corps. Structure informelle, souple, adaptative ;
– rationnel : hologramme, dont chaque partie est un reflet de la totalité, dont les interactions entre les parties rappellent celles existant entre les cellules cérébrales. Structure matricielle, interactive ;
– culturel : société de personnes autonomes, dont les relations sont fondées sur des interactions sociales. Structure en réseau, impliquant de nombreuses communications.

Le lecteur désireux d'approfondir ces différents modèles, pourra se référer à : Gareth Morgan, *Images of the Organization*, Sage, 1986.

Corrigé de l'exercice 21

Exemple de cohérenciel obtenu avec un comité de direction se fixant des points d'amélioration.

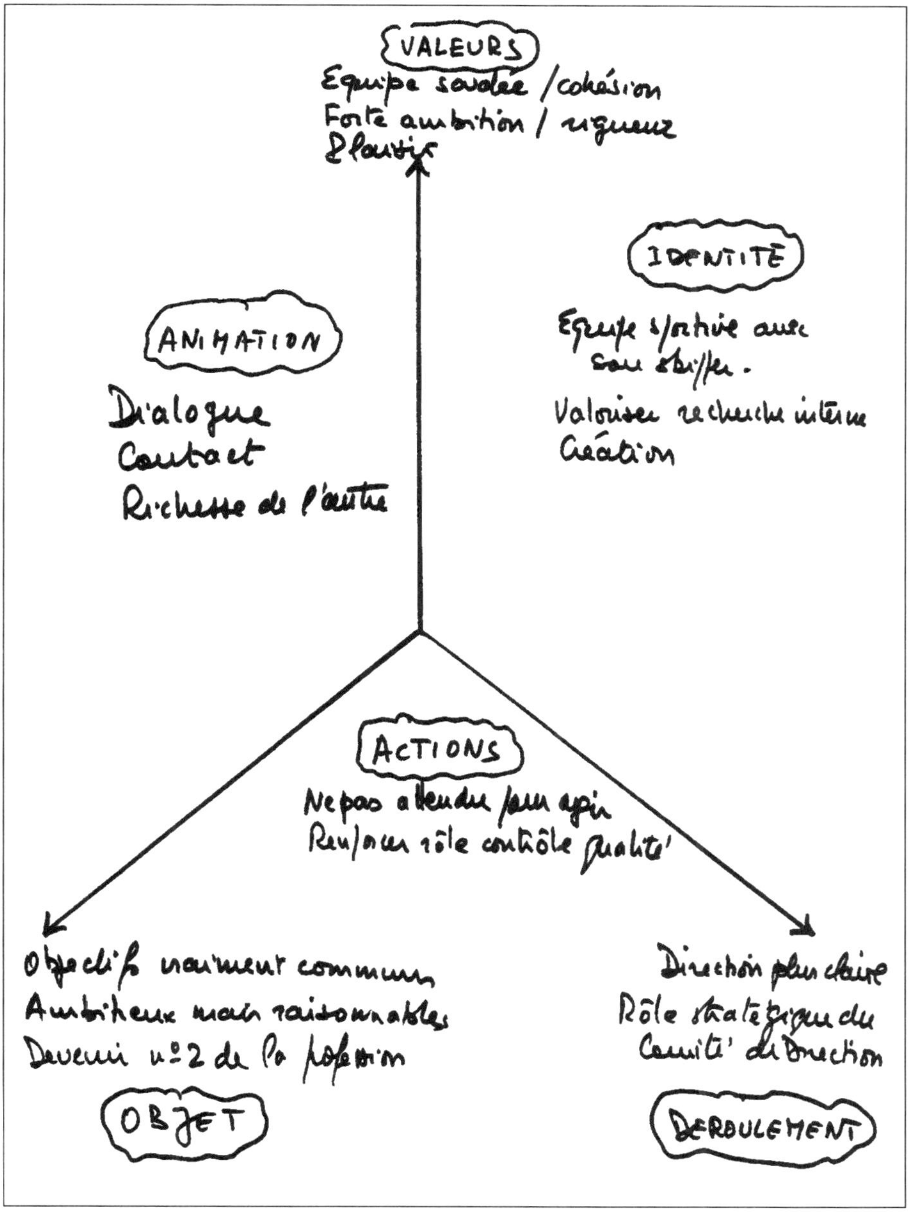

Corrigé de l'exercice 22

Ce jeu a de nombreuses utilisations : il peut servir pour analyser le fonctionnement du groupe, les phénomènes d'influence et de pouvoir, la créativité. On adaptera en conséquence les consignes et le questionnaire final qui sont prévus ici pour aborder le fonctionnement du groupe.

On peut l'utiliser aussi bien pour un groupe que pour plusieurs groupes dont on pourra comparer les œuvres et les processus de travail qui y ont conduit. Dans ce cas, on veillera à être clair sur la compétition que le travail entre plusieurs groupes peut engendrer.

Les résultats obtenus sont très variés, l'aspect fonctionnel « ici et maintenant » étant souvent le plus difficile à concrétiser. Une des « solutions » les plus simples et les plus élégantes que nous ayons vues a consisté à donner à deux joueurs une paille, à charge pour chacun de pousser en soufflant un trombone dans les « buts » de l'autre.

Corrigé de l'exercice 26

Le dilemme du prisonnier est un jeu très puissant qui met parfaitement en valeur les processus de confiance, négociation, prise de garantie et éventuellement « trahison ». On se méfiera cependant des séquelles que pourrait laisser l'exercice, notamment s'il y a eu trahison ; ce pour quoi on prévoira un temps suffisamment long d'analyse et on le placera en début de séminaire pour avoir l'occasion de revenir sur ses enseignements.

Premier exemple : « I » commence par jouer Noir et perd. « II » au cours de la première négociation propose de rétablir l'équilibre en inversant les choix au round 4 et de jouer ensuite la coopération. « I » continue à jouer Noir, mais « II » au dernier round rompt l'engagement et joue Rouge.

Round	**Temps**	I		II	
		Choix cumulés	Points	Choix	Points cumulés
1	3 mn	Noir	- 5	Rouge	5
2	3 mn	Noir	- 10	Rouge	10
Négociation facultative (représentants)	5 mn				
3 Points doublés	3 mn	Rouge	0	Noir	0
4	3 mn	Noir	3	Noir	3
Négociation facultative	5mn				
5 Points au carré	3 mn	Noir	- 22	Rouge	28

Round	Temps	I		II	
		Choix cumulés	Points	Choix	Points cumulés
1	3 mn	Rouge	– 3	Rouge	– 3
2	3 mn	Rouge	– 6	Rouge	– 6
Négociation facultative (représentants)	5 mn				
3 Points doublés	3 mn	Noir	0	Noir	0
4	3 mn	Noir	3	Noir	3
Négociation facultative	5mn				
5 Points au carré	3 mn	Noir	25	Noir	25

Corrigé de l'exercice 27

Quelques remarques :

– cet exercice convient particulièrement à l'extérieur, mais peut éventuellement se faire à l'intérieur ;

– au lieu de guider l'aveugle, le chien peut lui laisser liberté de manœuvre et veiller seulement à sa protection (on passe de la confiance-assistance à la confiance-autonomie). On peut aussi expérimenter les deux manières de faire au cours de l'exercice ;

– la durée de l'exercice peut être prolongée, auquel cas on se livre davantage à un travail d'exploration de son comportement en état de privation visuelle ;

– le silence total est une condition *sine qua non* de réussite ;

– en raison du contact physique impliqué et de la situation sensorielle particulière, des émotions plus fortes que pour d'autres exercices peuvent surgir ;

– pour cet exercice encore plus que pour les autres, on ne peut le faire faire aux autres sans l'avoir fait soi-même !

Corrigé de l'exercice 28

Remarques :

– ce processus est très efficace, il peut être utilisé dans de nombreuses circonstances : attentes réciproques, répartition de rôles, manières de se parler… ;

– sa difficulté réside dans une certaine lourdeur : les listes peuvent être longues et le temps passé à les travailler peut devenir important. Voici quelques manières de faire pour alléger le processus :

• ne pas proposer les 4 questions mais uniquement celles qui paraissent les plus appropriées ; par exemple, ce que j'attends de l'autre et suis prêt à faire ou ce que j'attends et n'attends pas,

• alterner les demandes du groupe (ou de la personne) 1 et 2,

• ne pas terminer l'exercice si les participants ont le sentiment d'avoir vu l'essentiel !

Corrigé de l'exercice 29

La liste des qualificatifs du style de leadership est longue ; les variations dues au type psychologique notamment sont importantes. Voici quelques-uns des mots les plus fréquents :

– charismatique ;
– compétent ;
– constant ;
– délégatif ;
– donne l'exemple ;
– expérimenté ;
– ferme ;
– impartial ;
– juste ;
– négociateur ;
– participatif ;
– persuasif ;
– pragmatique ;
– voit à long terme.

En ce qui concerne les modes de restitution du travail en sous-groupe, la créativité peut être encouragée. Les formes originales et dynamiques laissent des souvenirs actifs dans la mémoire des participants : nous avons ainsi assisté à un match de rugby et à une parodie de réunion d'équipe qui, chacun dans leur genre, valaient 30 pages de rapport !

Corrigé de l'exercice 30

Cet exercice, qu'il est nécessaire d'avoir pratiqué soi-même, se prête à de nombreuses variations et utilisations (*leadership*, communication).

On pourra se servir de longues baguettes (un mètre) qui donnent plus de liberté dans l'exploration physique.

On pourra également travailler en triades :

– d'abord avec deux baguettes (en ce cas, l'un des membres de la triade a une position privilégiée puisqu'il tient 2 baguettes et les autres 1) ;

– ensuite, avec trois baguettes (chaque membre étant alors à égalité).

Corrigé de l'exercice 32

Exemple (dans la pratique, il conviendrait de différencier davantage les activités et de préciser ce qui est attendu de chacun) :

Membres / Activités	Pierre Leader	Paul Chef de ventes	Jacques Vendeur	René Vendeur	Alphonse Administration	André Marketing
Stratégie commerciale	R	P	I	I	I	P
Prospection	C	R	P	P	I	C
Contrats	I	C	R dans son secteur	R dans son secteur	M	
Suivi clients	I	C	C	R		
Contentieux	I	I	C	C	R	I

Corrigé de l'exercice 34

Exemple d'analyse des causes pour une équipe commerciale qui voit ses ventes baisser.

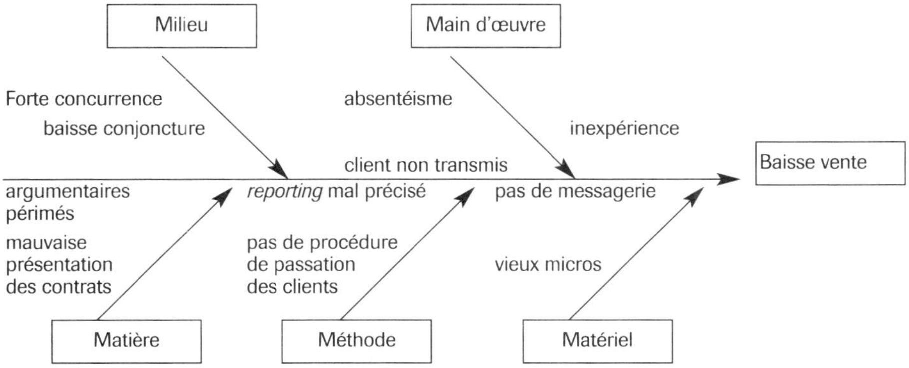

Corrigé de l'exercice 35

Le diagramme de Pareto peut s'appuyer :
– soit sur des données chiffrées, ce qui est le cas de base, typique des cercles de qualité ;
– soit sur des évaluations qualitatives, dont nous donnons un exemple ci-dessous.

En prenant l'analyse faite dans le corrigé de l'exercice 34, on constate, dans la pratique, que la baisse des ventes est due pour l'essentiel à une série de restructurations qui ont amputé la force commerciale des anciens vendeurs qui connaissaient les clients pour les remplacer par des jeunes, pour lesquels la formation a été trop courte. La solution se trouve donc dans des efforts de formation, de développement d'expertise et de motivation des vendeurs.

Accessoirement, des procédures de passation des clients auraient permis d'alléger les effets négatifs décrits. Les autres causes semblent mineures, même si elles sont source de beaucoup d'irritations : « On perd du temps en *reporting* inutile », « on a des outils périmés et ridicules face à la concurrence », etc.

Corrigé de l'exercice 37

Exemple de carte mentale sur les éléments nécessaires au développement de l'innovation dans une entreprise.

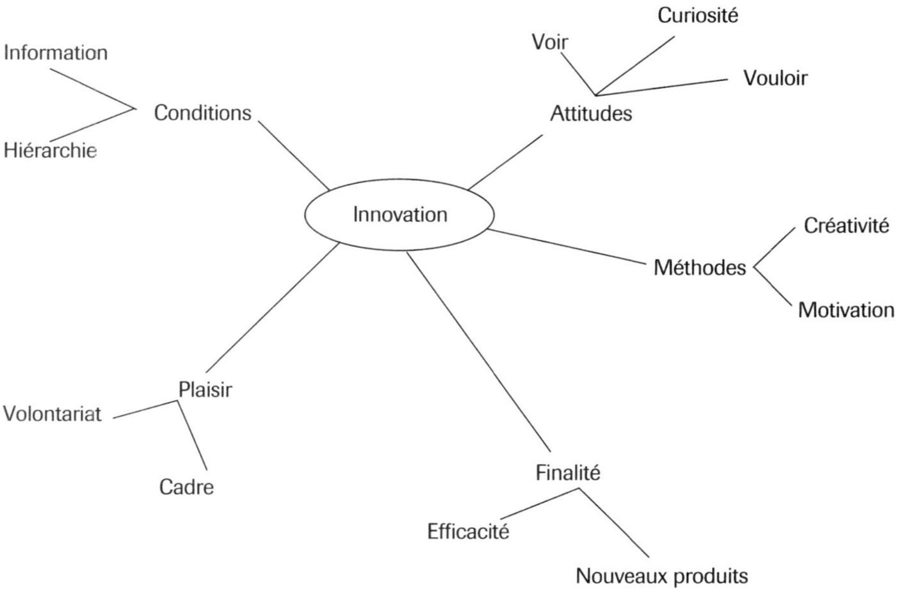

Corrigé de l'exercice 39

Éléments du stylo en combinant simplement deux séries d'éléments, l'encre et le traceur.

Traceur \ Encre	Liquide	Pâte
Plume	Stylo	?
Bille	« Pentel »	« Bic »

On pourrait développer la matrice en incorporant d'autres éléments, tels le réservoir ou le système de protection du traceur. C'est ainsi qu'on a vu apparaître récemment les stylos à encre liquide et à pointe céramique rétractable (ce qui était jusqu'alors réservé aux stylos à bille), et plus récemment encore, les stylos à plume rétractable.

Corrigé de l'exercice 40

Exemple d'analyse multicritères (sans pondération des critères).

	Solution A	Solution B	Solution C	Solution D
Critère 1	1	3	2	5
Critère 2	3	4	5	1
Critère 3	2	5	3	2
Critère 4	4	3	3	3
Total	10	15	13	11

La solution B est en principe à retenir.

Si elle ne l'est pas, l'analyse multicritères permet, à tout le moins, de poser des questions sur les raisons qui ont fait choisir une autre solution :
– un ou plusieurs critères ont été oubliés ;
– un ou plusieurs critères n'ont pas été pondérés ou l'ont été insuffisamment.

Corrigé de l'exercice 41

Exemple pour un groupe de 12 personnes, qui disposent chacune de 5 points pour noter quatre solutions.

Solutions Participants	A	B	C	D
1		5		
2	1	3		1
3	3	1	1	
4	2	3		
5			3	2
6	1	2	2	
7	1	4		
8		2	2	1
9	2	3		
10	1	3		1
11	2	3		
12		4	1	
Total	13	33	9	5

La solution B est retenue par les participants.

Cette méthode très simple permet, dans la plupart des cas, d'obtenir rapidement des résultats significatifs.

On veillera à bien préciser ce qui sera fait du résultat obtenu : il s'agit rarement d'une décision majoritaire du groupe mais plutôt d'une consultation sur l'opinion générale.

ANNEXES

Plan d'autoformation

L'autoformation en matière de *team building* est un peu particulière ; elle équivaut en fait à un séminaire tel que celui décrit ci-après, sans la présence d'un consultant. C'est pourquoi la proposition d'autoformation qui suit se place dans une optique légèrement différente : celle d'une personne seule, responsable d'une équipe, animateur d'un groupe ou participant intéressé, qui entend acquérir les notions principales relatives à l'amélioration du fonctionnement d'un groupe. L'approche sera donc relativement théorique – il est difficile de faire seul des exercices prévus pour être faits à plusieurs ! Le lecteur gagnera cependant à garder présent à l'esprit un groupe auquel il appartient (appelé ci-dessous groupe de référence) pour trouver des illustrations et des applications des notions exposées.

1 Principes de base du fonctionnement d'un groupe

– L'objectif du *team building* :
- exposé 6, 1re section, « Le rapport processus/contenu » ;
- lexique sous le mot processus.

– Les principales dimensions du groupe par rapport à l'action qu'il conduit :
- exposé 6, 3e section, « Théorie des cohérences » ;
- exercice 21, « Analyse de cohérence ».

– Les stades de l'évolution du groupe :
- exposé 7, 1re section, « Le groupe en développement » ;
- exercice : déterminer le stade où en est le groupe de référence.

2 Principales dimensions de la vie du groupe

– Les valeurs :
- déterminer les valeurs du groupe de référence ;
- les situer sur la carte culturelle générale : exposé 8, 1re section.

– La communication :
- schéma général de la communication : exposé 9, 2e section ;
- déterminer les attitudes d'écoute que l'on utilise soi-même le plus fréquemment : exposé 9, 6e section, « Attitudes d'écoute ».

– Le leadership :

Le management en situation
- exposé 10, 2e section, « Le leadership situationnel » ;
- déterminer les attitudes managériales que l'on utilise soi-même le plus fréquemment.

Les styles d'autorité en France
• exposé 10, 3e section, « La logique de l'honneur » ;
• établir le « triangle » du groupe de référence.

3 **Processus de changement**

– La fixation d'objectifs : exposé 11, 1re section.

– La dynamique du changement : exposé 7, 2e section.

– Les résistances au changement : exposé 7, 3e section.

4 **La partie cachée de l'iceberg**

L'inconscient du groupe : exposé 6, 4e section, « Inconscient de groupe et groupe de travail ».

Programme de session de formation d'une durée de trois jours

▸ Programme de session de groupe

Nous adoptons ici l'hypothèse d'une équipe de managers qui s'est donnée trois objectifs :
1. Développer l'esprit d'équipe.
2. Améliorer son processus de résolution de problèmes.
3. Amorcer une réflexion sur le style de leadership afin d'opérer un rapprochement des pratiques individuelles vers un « modèle » à définir.

Le séminaire est résidentiel et dure trois jours. Un consultant est chargé d'animer le séminaire ; il a rencontré brièvement chaque membre de l'équipe.

Par définition, le scénario ci-dessous :
– n'est qu'une proposition parmi beaucoup d'autres possibles ; celle-ci est relativement simple et aisée à mettre en œuvre (si tant est que cela existe !) ;
– ne peut prendre en compte la réflexion qui peut se faire à partir de la vie même du groupe et de ce qui se produit au cours du travail. Soulignons à nouveau que c'est souvent là que se produit l'apprentissage principal.

1re journée

9 h à 10 h 30	*Introduction.* – Rappel des objectifs par le responsable. – Présentation des participants. • Exercice 7. – À l'issue de la description par les autres, chacun indique ses attentes personnelles, notées par le consultant.
10 h 30 à 11 h	Pause.
11 h à 11 h 30	*Diagnostic en grand groupe.* – « Indiquez les difficultés et les points à améliorer concernant notre esprit d'équipe. » • Exercice 11 : étapes 1 à 7.
11 h 30 à 12 h 30	*Mise en perspective.* – Exposé du consultant : son point de vue sur le stade d'évolution du groupe. Discussion générale. Notation au *paper board* des thèmes qui émergent de la discussion. • Exposé 7 (Le groupe en développement).

14 h à 15 h 30	*Activité détente en extérieur.* – En fonction des ressources du site, choisir activité commune.
15 h 30 à 17 h	*Élaboration de propositions.* – Travail en sous-groupes homogènes (par exemple fonctionnels/opérationnels). • En s'inspirant du diagnostic et de la discussion qui a suivi, chaque sous-groupe : 1. élabore des propositions d'amélioration concernant l'ensemble du groupe ; 2. précise ses demandes par rapport à l'autre sous-groupe ; (grille de l'exercice 28).
17 h à 19 h	*Mise en commun.* – Présentation et discussion des propositions concernant l'ensemble du groupe. – « Coupure ». • Exercice 13. – Rapprochement des demandes réciproques. • Exercice 28.
19 h 30 à 21 h	Dîner.
21 h à 22 h 30	*Ouverture interpersonnelle.* – À faire au coin salon, de façon détendue. • Exercice 10.

2e journée

7 h 30 à 8 h	*Travail corporel.* – Facultatif ! • Exercice 14
8 h 30	Petit déjeuner.
9 h à 10 h	*Style de leadership à mettre en œuvre.* – Déterminer les valeurs. • Exercice 23
10 h à 10 h 30	*Impact des valeurs sur la pratique.* – Travail individuel : quels points de ma pratique devrais-je modifier pour les mettre en conformité avec les valeurs retenues ? • Adapter l'exercice 44.
10 h 30	Pause.
11 h à 12 h 30	*Élaboration de propositions d'application des valeurs au groupe.* – Travail par sous-groupes de trois, hétérogènes : quels points de sa pratique le groupe devrait-il modifier pour les mettre en conformité avec les valeurs retenues ? • Chaque triade prépare un rapport, concret et imagé.

14 h à 15 h 30	*Activité physique.* – Au choix selon l'évolution du groupe : • activité de loisir ; • promenade de l'aveugle. • Exercice 27.
15 h 30 à 16 h 30	*Les styles de management.* – Exposé du consultant. • Exposé 10. – Discussion générale.
16 h 30	Pause.
17 h à 19 h	*Plan d'action.* – En grand groupe. • Présentation des rapports. • Décisions communes. • Exercice 43. • Propositions de suivi (360°, approche typologique). • Exercice 31, exposé 9.
19 h à 19 h 15	*Attentes.* Faire le point sur les attentes des participants.
19 h 30	Dîner et soirée libre.

3e journée

7 h 30 à 8 h	*Travail corporel.* – Facultatif ! • Exercice 14.
8 h 30	Petit déjeuner.
9 h à 10 h 30	*Mode de travail du groupe.* – Exercice pratique. Réflexion sur la signification des résultats de l'exercice par rapport à la pratique du groupe. • Exercice 22.
10 h 30	Pause.
11 h à 12 h 30	*Résolution.* – Apport méthodologique de problèmes par le consultant. • Exposé 11. • Exercices 33 à 42.
14 h à 15 h	*« Réserve de temps ».* – Temps gardé disponible dans le programme pour pouvoir aborder un thème non prévu ou absorber les modifications d'horaire !
15 h à 15 h 15	*Travail individuel.* – Récapitulation des décisions individuelles. • Exercice 44.

15 h 15 à 16 h 30	*Synthèse de groupe.* 1. Décisions concernant la résolution de problèmes. 2. Récapitulation des décisions prises et vérification de leur cohérence. – Exercice 43.
16 h 30 à 17 h	*Évaluation.* – Point sur les attentes. – Évaluation du séminaire. • Exercice 45.

Lexique

AT : abréviation de « Analyse Transactionnelle ». Initiée par Éric Berne, l'AT se fonde sur les bases de la psychanalyse freudienne (2e topique) pour mettre en lumière les différents états du moi au niveau intrapersonnel et les types de transactions au niveau interpersonnel.

Autorité : capacité formelle et hiérarchique d'influence.

Client : la personne qui formule la demande d'intervention. Le client est normalement en même temps le responsable de l'équipe et celui qui règle les honoraires du consultant.

Cohérenciel : représentation graphique donnée par Roger Nifle de sa théorie explicative de l'action humaine.

Consultant : expert extérieur à l'entreprise qui intervient à la demande du client pour aider à améliorer le fonctionnement du groupe.

Demande : besoin formulé par le client et qui justifie l'intervention d'un consultant. La demande peut être formulée de différentes manières et nécessite en général d'être approfondie pour pouvoir cerner l'objectif de l'intervention.

Développement des organisations : ensemble de pratiques destinées à maîtriser l'évolution d'un groupe social. Le développement des organisations (ou OD pour *Organization Development*) se fonde essentiellement sur la théorie générale des organisations et la psychologie sociale ; il s'est développé principalement aux États-Unis dans les années soixante.

Dynamique de groupe : cette expression est utilisée dans trois sens différents : a) originellement Kurt Lewin l'a inventée pour décrire un groupe comme un champ de forces ; b) dans un sens plus large désigne tous les processus interactifs et les phénomènes qui caractérisent la vie d'un groupe ; c) renvoie aux démarches expérimentales de groupe sans *leader*.

Feed-back : au sens strict, rétroaction. On utilise souvent ce mot dans le cadre de la communication pour désigner l'information en retour donnée à quelqu'un sur ce qu'il a dit ou fait.

Feed-back à 360° : consiste à faire remplir le même questionnaire d'évaluation du style de *leadership* par l'intéressé, son supérieur immédiat, quelques-uns de ses pairs et quelques-uns de ses collaborateurs et à comparer les résultats ainsi obtenus.

Flip chart : feuille de tableau de papier.

Formation : apprentissage d'une démarche, effectuée à l'intérieur ou à l'extérieur de l'entreprise.

Groupe de base : désigne dans la théorie de W. Bion le niveau inconscient du groupe.

Influence : action qu'une personne exerce sur une autre.

Injonction paradoxale : ordre ou demande dont l'exécution, non seulement est impossible, mais place celui qui est censé obéir dans une situation intenable.

Intervention : action entreprise pour améliorer le fonctionnement d'une équipe. On parle le plus souvent d'intervention lorsqu'il est fait appel à un consultant. L'intervention se caractérise par le fait qu'elle se situe sur le terrain même de l'équipe, à la différence de la formation qui peut être extérieure et réunir des personnes d'origine différente.

Leadership : capacité informelle et personnelle d'influence.

Maintenance (du groupe) : soin apporté aux processus permettant le bon fonctionnement du groupe.

Métacommunication : communication sur la communication

Néguentropie : apport d'information permettant de résister à l'entropie d'un système.

Outdoor (activities) : activités à caractère sportif menées à l'extérieur. Elles peuvent servir de support au développement de l'esprit d'équipe.

Paper board : tableau de papier.

Paradigme : modèle des valeurs et des normes qui rend compte à un moment donné d'un ensemble de phénomènes sociaux.

PNL : abréviation de « Programmation Neuro Linguistique ». Ensemble de méthodes élaborées aux États-Unis dans les années soixante-dix et introduites en France au début des années quatre-vingt qui ont pour objet d'améliorer l'efficacité des comportements.

Pouvoir : le fait de disposer de moyens qui permettent une action. Le pouvoir se mesure par ce que l'on obtient.

Praxis : dans la théorie de J.-P. Sartre, action combinant théorie et pratique.

Présupposé de base : désigne dans la théorie de W. Bion les états affectifs inconscients en fonction desquels les membres du groupe se combinent de façon instantanée et involontaire. Les trois présupposés de base sont la dépendance, le combat/fuite, le couplage.

Processus : séquence des méthodes, moyens et manières de faire mis en œuvre pour réaliser une tâche. Processus est pris souvent dans un sens très large pour désigner le « comment » par rapport au contenu, le « quoi ».

Proposition : offre faite par le consultant en réponse à la demande du client.

Team building : littéralement, construction d'équipe. Le terme est passé dans le langage courant de l'entreprise pour désigner les activités liées à l'animation d'une équipe et au développement de son efficacité.

Types de personnalité : au sens strict, combinaison des polarités individuelles sur les quatre dimensions principales de la vie psychique mises en lumière par Carl Jung.

Bibliographie

Cette bibliographie ne comporte que les ouvrages dont les auteurs sont cités ou qui ont directement inspiré nos réflexions. On trouvera notamment dans les ouvrages généraux des bibliographies plus approfondies.

Ouvrages généraux

ANZIEU D., MARTIN J.-Y., *La dynamique des groupes restreints*, PUF, 1968.

BURKE W., *Organization Development : principles and practices*, Little, Brown and Company, 1982.

HUSCZCZO G., *Tools for team excellence*, Davies Black Publishing, 1996.

LÉVY A., *Psychologie sociale ; textes fondamentaux anglais et américains*, Dunod, 1978.

MORGAN G., *Images of the organization*, Sage, 1986.

MUCCHIELLI R., *La dynamique des groupes*, ESF éditeur, 1992.

Ouvrages spécifiques

Première partie

MUCCHIELLI R., *L'analyse de contenu des documents et des communications*, ESF éditeur, 1991.

Exposé 6

BION WR., *Recherche sur les petits groupes*, PUF, 1965.

ELLIOT J., « Des systèmes sociaux comme défense contre l'anxiété dépressive et l'anxiété de persécution », dans André Lévy, *Psychologie sociale.*

MACGREGOR D., *The professional manager*, Mac Graw Hill, 1967.

NIFLE R., *Le sens de l'existence*, Éditions de Poliphile, 1987.

WEISBORD M., « Organizational diagnosis : six places to look for trouble with or without a theory », dans *Group and organization studies*, 1976.

Exposé 7

KÜBLER-ROSS É., *Vivre avec la mort et les mourants*, Tricorne, 1984.

LEWIN K., « Décisions de groupe et changement social », dans André Lévy, *Psychologie sociale.*

LEWIN K., *Psychologie dynamique*, PUF, 1964.

SARTRE J.-P., *Critique de la raison dialectique*, Gallimard, 1960.

Exposé 8

COFREMCA, 14 rue Milton, 75009, Paris.

LANDIER H., *L'entreprise polycellulaire*, EME, 1987.

NIFLE Roger, *Au cœur du sujet*, Éditions de Poliphile, 1986.

Exposé 9

BEATTIE M., *Vaincre la codépendance*, J.-C. Lattès, 1987.

CAUVIN P., CAILLOUX G., *Les types de personnalité*, ESF éditeur, 1994.

CHALVIN D., *Les outils de base de l'analyse transactionnelle* et *Les nouveaux outils de l'analyse transactionnelle*, ESF éditeur, 1992 et 1993.

CROZIER M., *L'entreprise à l'écoute*, InterÉditions, 1989.

MUCCHIELLI R., *Communication et réseaux de communication*, ESF éditeur, 1993.

WATZLAWICK P., BEAVIN H., JACKSON D., *Une logique de la communication*, Le Seuil, coll. « Points », 1967.

Exposé 10

BLAKE R., MOUTON J., *The new managerial grid*, Gulf Houston, 1978.

D'IRIBARNE Ph., *La logique de l'honneur*, Le Seuil, coll. « Points », 1989.

HERSEY P., BLANCHARD K., *Management of Organizational Behavior*, Prentice Hall, 6e édition, 1996.

LIPPITT R., WHITE R., « Une étude expérimentale du commandement et de la vie des groupes », dans André Lévy, *Psychologie sociale*.

Exposé 11

FUSTIER Michel, *La résolution de problèmes*, ESF éditeur, 1993.

JAOUI Hubert, *Créativité, mode d'emploi*, ESF éditeur, 1990.

MUCCHIELLI Roger, *La conduite des réunions*, ESF éditeur, 1992.

Applications pratiques

University Associates/Pfeiffer and Co – Recueils d'exercices – Simon and Schuster publishers – Hemel Hempstead, Grande-Bretagne.

Adresse utile

Information, formation, intervention

Osiris Conseil (Pierre Cauvin, Geneviève Cailloux), 23, rue des Blancs-Manteaux 75004 Paris, Tel : 01 42 78 38 47, Fax : 01 40 29 97 82, e-mail : 100760.2152@compuserve.com.

Index

OUVRAGES PUBLIÉS
DANS LA COLLECTION FORMATION PERMANENTE

ROGER MUCCHIELLI

L'analyse de contenu des documents et des communications (8e édition – n° 16).
Communication et réseaux de communications (10e édition – n° 12).
Les complexes personnels (5e édition – n° 11).
La conduite des réunions (16e édition – n° 3).
La dynamique des groupes (16e édition – n° 4).
L'entretien de face à face dans la relation d'aide (17e édition – n° 1).
L'étude des postes de travail (8e édition – n° 7).
L'examen psychotechnique (8e édition – n° 8).
L'interview de groupe (7e édition – n° 6).
La méthode des cas (8e édition – n° 5).
Les méthodes actives dans la pédagogie des adultes (9e édition – n° 13).
Observation psychologique et psychosociologique (5e édition – n° 17).
Opinions et changements d'opinion (4e édition - n° 9).
Organigrammes et sociogrammes (épuisé – n° 14).
Psychologie de la publicité et de la propagande (épuisé – n° 10).
Psychologie de la relation d'autorité (6e édition - n° 19).
Psychologie de la vie conjugale (4e édition – n° 15).
Psychosociologie d'une commune rurale (épuisé – n° 20).
Le questionnaire dans l'enquête psychosociale (10e édition – n° 2).
Le travail en équipe (8e édition – n° 18).

BERNARD ADAM

Animer une étude analyse de la valeur. Guide pratique des procédés et des techniques efficaces (1re édition – n° 79).

ANNE ANCELIN-SCHUTZENBERGER

Le jeu de rôle (épuisé – n° 43).

BRUNO BARJOU

Manager par projet. Méthodes et comportements pour animer hors statut hiérarchique (3e édition - n° 128).
Savoir transmettre son expertise et son savoir-faire (1re édition – n° 109).
Vendre ses idées et ses projets. Des clefs pour obtenir l'accord. (2e édition - n° 141).

BRUNO BARJOU, ANNICK COHEN, JACQUES ISORÉ, JEAN-PIERRE TESTA

Réussir dans ses nouvelles responsabilités. Prise de fonction : mode d'emploi (5e édition – n° 118).

GUY BARRIER

La communication non verbale. Aspects pragmatiques et gestuels des interactions (2e édition – n° 117).

Internet, clefs pour la lisibilité. Se former aux nouvelles exigences de l'hypermédia (1re édition – n° 140).

JEAN-MICHEL BAZIN ET ROGER BAZIN

Comment raisonner pour décider. Apprendre à trouver des solutions (1re édition – n° 129).

ROGER BAZIN

Développement personnel et entraînement mental (5e édition – n° 29).

Le nouvel esprit qualité. Une pédagogie pour enrichir le dialogue social et garantir une meilleure efficacité des entreprises (1re édition - n° 82).

Organiser les sessions de formation (5e édition - n° 30).

LIONEL BELLENGER

L'argumentation. Principes et méthodes (5e édition – n° 37).

La confiance en soi (4e édition – n° 100).

Être stratège. Éduquer l'esprit de compétition (1re édition – n° 130).

L'excellence à l'oral (2e édition – n° 149).

L'expression orale. Une approche nouvelle de la parole expressive (épuisé – n° 44).

La force de persuasion. Du bon usage des moyens d'influencer et de convaincre (2e édition – n° 122)

Les outils du négociateur. Consulter, argumenter, réfuter [2] (2e édition – n° 90).

Stratégies et tactiques de négociation [1] (3e édition – n° 83).

LIONEL BELLENGER ET MARIE-JOSÉE COUCHAERE

Animer et gérer un projet. Un concept et des outils pour anticiper l'action et le futur (5e édition – n° 95).

Les techniques de questionnement. Savoir poser les bonnes questions (1re édition – n° 143).

LIONEL BELLENGER ET PHILIPPE PIGALLET

Dictionnaire de la formation et du développement personnel (1re édition – n° 113).

77 études de cas et exercices. Formation et développement personnel (épuisé – n° 123).

100 exercices et études de cas pour la formation (1re édition – n° 154).

LIONEL BELLENGER, PHILIPPE PIGALLET, REHBIA COUILLET, MARIE-JOSÉ COUCHAERE, BRUNO BARJOU

C'est moi d'abord (1re édition - n° 150).

PIERRE CAUVIN

La cohésion des équipes. Pratique du team building (3e édition – n° 119).

PIERRE CAUVIN ET GENEVIÈVE CAILLOUX

Les types de personnalité. Les comprendre et les appliquer avec le MBTI (indicateur typologique de Myers-Briggs) (4e édition – n° 102).

ALAIN CAYROL ET PATRICK BARRÈRE

La programmation neuro-linguistique (P.N.L.). Des techniques nouvelles pour favoriser l'évolution personnelle et professionnelle (10e édition – n° 60).

DOMINIQUE CHALVIN

L'affirmation de soi (11e édition – n° 41).

Autodiagnostic des styles de management. À l'usage des cadres et des dirigeants (4e édition – n° 56).

Du bon usage de la manipulation (3e édition – n° 148).

Faire face aux stress de la vie quotidienne (5e édition – n° 48).

Histoire des courants pédagogiques. Tome 1 – Encyclopédie des pédagogies pour adultes. (2e édition – n° 115).

Méthodes et outils pédagogiques. Tome 2 - Encyclopédie des pédagogies pour adultes. (2e édition – n° 116).

Les nouveaux outils de l'analyse transactionnelle. Pour développer l'énergie des individus et des organisations [2] (7e édition – n° 64).

Les outils de base de l'analyse transactionnelle. Pour développer l'énergie des individus et des organisations [1] (8e édition – n° 63).

Tensions et conflits dans les relations personnelles. Comment s'en sortir (3e édition - n° 136).

Utiliser tout son cerveau. De nouvelles voies pour accroître son potentiel de réussite (5e édition – n° 61).

GÉRARD CHANDEZON ET JOËL SALOU

L'insécurité. Comprendre les risques de la vie quotidienne et y faire face (1re édition – n° 59).

JACQUES CHAUMIER

Travail et méthodes du documentaliste. Pour une exploitation méthodique et optimale de l'information (6e édition – n° 39).

CORINNE CHAUVIN

Le kit de la formation. De la conception à la réalisation (1re édition – n° 145)

JEAN-DOMINIQUE CHIFFRE ET JACQUES TEBOUL

La motivation et ses nouveaux outils. Des clés pour dynamiser une équipe (4e édition – n° 74).

JACQUES CLARET

Organiser la pensée. Une formation méthodique au travail intellectuel (5e édition – n° 47).

VIRGINIE CORNET, PHILIPPE AURIOL

Le parler-vrai. La méthode Schutz pour être vrai avec soi-même et avec les autres (1re édition – n° 108).

MARIE-HÉLÈNE COU ET CLAUDE DEMEURE

Utiliser efficacement la vidéo en formation. L'autoscopie à l'usage des enseignants et des formateurs (1re édition – n° 111).

MARIE-JOSÉE COUCHAERE

Éduquer la mémoire (épuisé – n° 50).

Manager son temps et son énergie. L'organisation du temps en équipe (2e édition – n° 125).

Le développement de la mémoire. Clés pour une mémoire dynamisée (1re édition – n° 146).

REBIHA COUILLET

Être soi. Une démarche pour se réconcilier avec soi (2e édition – n° 124).

SOPHIE COURAU

Les outils de base du formateur. Parole et supports [1] (5e édition – n° 97).

Les outils d'excellence du formateur. Concevoir et animer des sessions de formation [2] (4e édition – n° 99).

PHILIPPE CRUELLAS
Le temps autrement. Le kit de survie des nouveaux nomades (1re édition – n° 135).

MARC DENNERY
Évaluer la formation. Vers le pilotage économique (1re édition – n° 147).
Organiser le suivi de la formation. Méthodes et outils (2e édition – n° 121).
Piloter un projet de formation. Du diagnostic des besoins à la mise sous assurance qualité (2e édition – n° 132).

GÉRARD DEVAUX
Se préparer à l'oral des examens et des concours (3e édition – n° 77).

MARC DOVERO ET ELISABETH GREBOT
Enseigner, former, conseiller avec la PNL (3e édition – n° 93).

VIVIANE DUBOS
Les émotions. Comment s'en faire des alliées avec les outils de la PNL (5e édition – n° 98).

VICTOR ERNOULT, JEAN-PIERRE GRUERE, FABIENNE PEZEU
Optimiser les ressources humaines dans l'entreprise. Formation à la méthode du bilan comportemental (2e édition – n° 53).

ODILE FEVRE ET ÉRIC SCHULER
L'affirmation de soi au féminin. L'assertivité au féminin (1re édition – n° 114).

MICHEL FUSTIER
Pratique de la créativité (6e édition – n° 33).

PHILIPPE GABILLIET
Savoir anticiper. Les outils pour maîtriser son futur (1re édition – n° 137)

PHILIPPE GABILLIET ET YVES DE MONTBRON
Se former soi-même. Les outils de l'autoformation (1re édition – n° 126).

BERNARD GANGLOFF
Les techniques de recherche d'emploi (1re édition – n° 104).

BERNARD E. GBÉZO
Agressivité et violences au travail. Comment y faire face (2e édition – n° 142).

CHANTAL GENSSE
Le manager aux 5 passeports (1re édition - n° 153)

MICHEL GIFFARD
Développez votre intuition et celle de votre équipe (1re édition – n° 92).

PATRICK GILBERT ET CHRISTIAN CHARDON
Analyser l'écriture. Une démarche et un outil nouveaux en graphologie (2e édition – n° 67).

LAURENT GODBOUT
S'entraîner à raisonner juste. Pour mieux se comprendre et mieux s'entendre (1re édition – n° 78).

ELISABETH GREBOT
Images mentales et stratégies d'apprentissage. Explication et critique. Les outils modernes de gestion mentale (2e édition – n° 101).

ANDRÉ GUITTET
Développer les compétences par une ingénierie de la formation (2e édition – n° 107).

HUBERT JAOUI
Créativité, mode d'emploi (3eédition – n° 81).

HUBERT JAOUI, FRANÇOIS-MARIE PONS
La communication pratique au service des entreprises (1re édition – n° 94).

ALAIN JOLIBERT ET MAUD TIXIER
La négociation commerciale. Etudes de cas. Préparation et stratégie (1re édition – n° 76).

PHILIPPE KAEPPELIN
L'écoute. Mieux écouter pour mieux communiquer (5e édition – n° 70).

JEAN-FRANÇOIS LABOREY
L'entretien annuel d'appréciation et de carrière (2e édition – n° 88).

ANNE-MARIE LAPORTE-CASTELNAU ET BRIGITTE LAPORTE-DARBANS
La gestion de soi. La voie nouvelle du management (2e édition – n° 103).

JEAN-LOUIS LASCOUX
Pratique de la médiation. Une méthode alternative à la résolution des conflits (2e édition – n° 144).

DANIEL LATROBE
Gérer efficacement son temps et ses priorités. Une logique du plaisir (3e édition – n° 139).

PIERRE LEBEL
Améliorer la qualité de vie au travail par la participation (1re édition – n° 80).
Métrologie, mesure et maîtrise des communications (1re édition – n° 28).

CLAUDE LEBŒUF, ALEX MUCCHIELLI
Le projet d'entreprise. Comment le préparer, le réaliser et motiver votre personnel (2e édition – n° 69).

EDOUARD LIMBOS
L'animation des groupes de culture et de loisirs (5e édition – n° 35).
Les barrages personnels dans les rapports humains. Comment les comprendre et les surmonter (3e édition – n° 55).
Le management des changements sociaux dans l'entreprise (1re édition – n° 85).
La participation. Conseils et méthodes pour développer la qualité et l'animation de la « Vie associative » (1re édition- n° 65).

YVES-FRÉDÉRIC LIVIAN
Gérer le pouvoir dans les entreprises et les organisations (1re édition – n° 71).

CHRISTOPHE LUNACEK
La délégation efficace. Pour un nouveau management plus responsabilisant (1re édition – n° 105).

LUC MARSAL
La détection des potentiels. Pour une gestion anticipée des ressources humaines et des carrières (1re édition – n° 131).

ALEX MUCCHIELLI
Rôles et communications dans les organisations (3e édition – n° 49).

ARLETTE MUCCHIELLI
Apprendre à coopérer. Repenser la formation (1re édition – n° 134).

JACQUES NIMIER
La formation psychologique des enseignants (1re édition – n° 112).

DANIEL PEMARTIN
Réussir le changement. Mutations des entreprises et problèmes humains (2e édition – n° 68).

PHILIPPE PIGALLET
Méthodes et stratégies de lecture. Pour un art de lire (3e édition – n° 57).
Les outils de la pensée. Éduquer le sens critique (1re édition – n° 127).

CHRISTIE RAVENNE
Gérer les tournants de carrière (1re édition – n° 72).
Les nouvelles missions du management. Adaptation et flexibilité (1re édition – n° 75).
Rechercher et innover en groupe. Méthodes à l'usage des groupes d'amélioration de la qualité (2e édition – n° 58).

GUY ROUDIÈRE
Décrypter les débats télévisés. Outils et pratiques (1re édition – n° 138).
Mieux s'exprimer pour convaincre et agir (1re édition – n° 120).
Traquer le non-dit (1re édition - n° 151).

GUY SABON
Formation des tuteurs et des maîtres d'apprentissage. Pour une intégration réussie des jeunes dans l'entreprise (1re édition – n° 106).

GUY SABON ET JEAN-MARIE JIVEL
L'entretien de recrutement. Des outils et des méthodes pour mieux recruter (2e édition – n° 96).

CHANTAL SELVA
La programmation neuro-linguistique appliquée à la négociation (4e édition – n° 86).

CHANTAL SELVA ET GUY MISSOUM
Savoir définir et gérer des objectifs. Une stratégie de la réussite (3e édition – n° 91).

LOUIS TIMBAL-DUCLAUX
La communication écrite scientifique et technique. Qualité et lisibilité (1re édition – n° 84).
L'expression écrite. Ecrire pour communiquer (6e édition – n° 42).

ARLETTE YATCHINOVSKY
L'approche systémique. Pour gérer l'incertitude et la complexité (2e édition – n° 133).

ARLETTE YATCHINOVSKY, PIERRE MICHARD
Le bilan personnel et professionnel. Instrument de management (4e édition – n° 87).
Histoire de vie. Une nouvelle approche pour repenser sa vie autrement (1re édition – n° 110).

ACHEVÉ D'IMPRIMER EN JUIN 2003 SUR LES PRESSES DE CORLET, IMPRIMEUR, S.A.
14110 CONDÉ-SUR-NOIREAU - NUMÉRO D'ÉDITION : 2937 ED 2737
DÉPÔT LÉGAL : JUIN 2003 - NUMÉRO D'IMPRESSION : 71565

Imprimé en France